TAMENSA

张梦荣◎著

在互联网迅猛发展的大潮中，遇见——马云、马化腾、李彦宏

# 他们仨

## ——电子商务领域三大创业偶像的成功宝典

有些人成功，是因为命中注定，但绝大多数人成功，是因为下定决心

——亨利·福特

中国出版集团公司
华文出版社

**图书在版编目(CIP)数据**

他们仨：电子商务领域三大创业偶像的成功宝典 /张琴荣著. -- 北京：华文出版社, 2019.1
ISBN 978-7-5075-4983-6

Ⅰ. ①他… Ⅱ. ①张… Ⅲ. ①马云-生平事迹②马化腾-生平事迹③李彦宏-生平事迹④电子商务-商业企业管理-经验-中国 Ⅳ. ①K825.38②F724.6

**中国版本图书馆 CIP 数据核字(2018)第 233485 号**

**他们仨**

电子商务领域三大创业偶像的成功宝典

**作　　者**:张琴荣
**责任编辑**:宋军占　雷　平
**出版发行**:华文出版社
**社　　址**:北京市西城区广安门外大街 305 号 8 区 2 号楼
**邮政编码**:100055
**网　　址**:http://www.hwcbs.com.cn
**投稿信箱**:xiaotanxiaotan11@126.com
**电　　话**:总编室 010-58336239　发行部 010-58336267　58336266(邮购)
　　　　　责任编辑 010-58336225
**经　　销**:新华书店
**印　　刷**:三河市天润建兴印务有限公司
**开　　本**: 880mm×1230mm　1/32
**印　　张**:8.5
**字　　数**:205千
**版　　次**:2019 年 1 月第 1 版
**印　　次**:2019 年 1 月第 1 次印刷
**标准书号**:ISBN 978-7-5075-4983-6
**定　　价**:49.80 元

# 序 言

早在1997年，耶鲁大学教授尼古拉斯·尼葛洛庞帝在《数字化生存》这部伟大作品中指出："我请读者思考未来的数字化世界，它将滋养心灵，抵御无明；分享繁盛；以合作取代竞争。"这位美国计算机科学家成功预言了数字科技对工作、生活、教育和娱乐带来的冲击，尤其是互联网给人类带来的种种变革，推动了信息革命。

尼古拉·尼葛洛庞帝的思想和作品在太平洋彼岸的中国掀起了翻天巨浪，给大众带来了数字化环境下新的生存观。今天，在这片热土上，互联网不仅是一种科学、一项技术，更是一种商业模式，是一种告别了过去、颠覆了传统的全新生活方式。

20年前，人们不会想到网络支付占据全部生活消费总额的

80%以上，不会想到坐在家里等着快递小哥上门送来网购的商品，不会想到外出用餐时会先用手机查看一下网友的点评……在中国，互联网已经无声无息地渗透到日常生活的方方面面。

毫无疑问，我们已经进入了“互联网+”时代。在这20年的数字化革命与互联网发展历程中，马云于1999年创立阿里巴巴，掀起了电子商务浪潮；马化腾于1998年创立腾讯，引发了网络社交革命；李彦宏于2000年创立百度，开启了智能时代的畅想。他们仨是这个时代最耀眼的创业英雄、财富偶像、互联网教父。

◎今天，马云是一个神话般的人物，是中国的骄傲。他一手打造的阿里帝国业务板块庞大，包括电子商务服务、蚂蚁金融服务、菜鸟物流服务、大数据云计算服务、广告服务、跨境贸易服务等全生态互联网服务。毫无疑问，马云是一个有理想的成功企业家，拥有沃伦·巴菲特那样的智慧，也拥有一个不屈的灵魂。

◎在很长一段时间里，马化腾和他领导的腾讯是中国互联网世界的一个秘密。毫无疑问，腾讯的发展路径是中国互联网企业成长的缩影，从中可以看到中国互联网人在应用迭代和对本国消费者行为的理解上进行的持续努力，以及显著的成就。

◎仅仅用了十几年的时间，李彦宏把一家只有几个人组成的科技公司，发展成拥有几万人规模的互联网巨头。历经互联网寒冬突围、纳斯达克上市封神、对战世界互联网大鳄Google，百度已经成为全球第二大独立搜索引擎和最大的中文搜索引擎，并向人工智能领域发起冲锋。

在当今互联网大腾飞时光里，遇见马云、马化腾、李彦宏，是读懂这个时代的一次心灵之约。本书全景描绘了这三位成功者的成长经历、创业故事、互联网思维、财富哲学，与读者一起体验、感悟这个时代的科技趋势与商业机会，从而紧跟时代步伐，让人生变得更有力量。

进入“互联网+”时代，传统的商业模式进一步被颠覆。伴随着草根的觉醒，大众力量将左右商业的未来，在缔造流行、塑造品牌、成就商业奇迹方面一显身手。换句话说，追随马云、马化腾、李彦宏的脚步，人人都有引领创新的机会，并成为商业世界的下一个焦点。

在全球化浪潮与互联网科技勃兴的年代，财富正在重新洗牌，成功正在被重新定义，人和企业的竞争力也被重置。今天，成功将属于那些首先适应这个时代的人。阅读本书，你将在主人公的带领下开启心智，颠覆认知，成就自己的传奇。

# 他们仨

在互联网迅猛发展的大潮中，遇见——马云、马化腾、李彦宏

# 目　录

## 马云：阿里与电子商务的浪潮

## 马化腾：腾讯与网络社交的革命

# 马云

## 阿里与电子商务的浪潮

梦想还是要有的，万一实现了呢！

你穷，是因为你没有野心。

寒冷的时候，学会用自己的左手温暖右手。

世界上没有优秀的理念，只有脚踏实地的结果。

当你成功的时候，你说的所有话都是真理。

# 第 1 章
## 生存哲学：像坚持初恋一样坚持梦想

### 三次高考终圆大学梦
#### ——逾越“心理高度”

1964 年 10 月 15 日，马云出生在浙江杭州一个普通家庭里。小脑袋，小身子，大眼睛，高颧骨……这个容貌平淡无奇的孩子从小就不安分，“顽童”二字能贴切地概括他的性格。

学生时代，马云学习成绩一般，但是他热衷于参加各种校内外活动，永远精力充沛；并且，他酷爱金庸的武侠小说，脑袋里总有许多奇思妙想。在老师和家长眼里，年少的马云是一个十足的捣蛋鬼，却也充满了朝气与活力。

中学时代的马云正处于叛逆期，经常带着伙伴儿在外面打群架。为此，他受到学校处分，被迫转学。事实上，马云每次参与打架都是为了帮朋友，表现出强烈的侠义精神。

“我小时候很瘦小，但是很会打架”，多年以后，马云总是这样描述自己儿时的样子。虽然身材瘦小，但是马云英勇善战，从来不惧怕比自己强壮的对手，也从来不在打架时流一滴眼泪。他认为输就是输，赢就是赢，不能在打架时哭爹骂娘，更不能向家人告状。这种男子气概，的确令人刮目相看。多年以后，阿里巴巴和 eBay 大战，来势汹汹的马云凭借“狭路相逢勇者胜”的精神，在气势上绝对给了 eBay 重重的一击。

除了打架，马云在初中的时候还有一件最值得骄傲的事情，那就是英文成绩总是名列前茅。尤其是在英文口语方面，他和外国人交流基本零障碍。每次到了放暑假的时候，他都会骑着自行车，带着老外跑遍杭州城，俨然成了一个小导游。

马云主动做导游工作，不只为了挣钱，更重要的是享受与老外聊天的快乐，开阔自己的眼界。在与外国人的交流中，马云的英语口语突飞猛进，社交水平也大大提高。

少年的马云不安分、倔强、叛逆、好动，同时也表现出讲义气、勇敢、有魄力、敢想敢干的品质。哪个少年不贪玩？哪个少年不好斗？难能可贵的是，马云在玩乐中把自己的英语特长发挥出来，与老外频繁交流，主动接触外面的世界。

这种在少年时期养成的性格，注定马云绝不是一个甘于平庸的人。梦想往往植根于年少的心灵，未来往往掌握在蕴含无穷力量的年轻人身上，从这个风华正茂、侠肝义胆的少年身上，可以看到一颗耀眼之星正冉冉升起。

1979 年，中国恢复高考，那一年马云即将升入高中。当时，他对大学不抱任何幻想，因为学习成绩不那么令人满意。然而没过多久，“上大学”这个梦想就在马云心里变得越来越强烈。大学是一座象牙塔，大学梦是一朵纯朴的浪花，年少的马云第一次有了梦想。

众所周知，马云从小学到初中的成绩都很差，想顺利考入一所本科大学，确实难于上青天。第一次高考成绩出来后，他的数学只得了 1 分，而报考志愿上居然写着“北京大学”。面对高考失利，马云心灰意冷。

当时，表弟正在找工作，马云决定跟随对方一起去宾馆应聘服务生。然而，招聘人员看到马云的长相之后，果断拒绝了他。随后，马云又托关系找到了一份给出版社送书的工作。也许他一辈子就这样了，但是这份送书的工作彻底改变了马云的一生。

在送书过程中，马云有机会看到种类繁多的图书，其中有一本书彻底影响了马云的人生观，那就是路遥的《人生》。透过主人公坎坷曲折的成长经历，马云对人生有了深刻的理解，并对自己的人生有了更加明确的方向。也就是在那一刻，马云意识到：无论遭受多少艰难险阻，都不能放弃理想与追求。

人生不如意的事十有八九，跌倒了要勇敢地站起来，拍拍尘土，笑对人生，而后用热情创造未来。于是，马云在心中再次燃起了熊熊烈火，决心为大学梦继续拼搏。的确，人生的道路虽然漫长，但是关键性的就在那几步，走对、走错全在一念之间。

除了《人生》这部小说带来的启发，马云再次考大学的闯劲还来自他对社会的全新理解。20 世纪 80 年代初，中国刚刚推行改革开放，崇尚知识成为一股风尚。那个时候，马云深刻体会到了知识改变命运的深层含义，发誓一定要考上大学，决不能安于现状、碌碌无为。

随后，马云辞掉工作，静心刻苦复习，决定来年再战。虽然头脑没有别人灵光，但是笨鸟先飞也能达成所愿。“别人学一遍能会，那我就学三遍、十遍。”凭借这股不服输的劲头，马云的学习成绩有了大幅提升。

然而，命运再次开了一个玩笑，马云第二次高考仍旧以失败告终。这对于马云是一个沉重的打击，对于马云的父母更是一个晴天霹雳。至此，家人都认为马云已经没有考上大学的可能了。

难道自己真的不行吗？马云万念俱灰，每天骑着破旧的自行车穿梭在杭州的大街小巷。夏日的杭州烟雨蒙蒙，行人很少，寂寥之间倒也符合他当时的心境。那时候，电视上正在热播《排球女将》，马云的耳边时常响起这部电视剧欢快的主题曲。排球女将们永不服输、永不言败，这种坚忍不拔的精神鼓舞着他迎接第三次高考。

然而，准备三战高考没有得到父母的支持，他们认为马云成绩不好，不必再浪费时间和精力了，踏实找一份工作更划算。但是，马云已经下定决心，毅然准备再次背水一战。无法得到家人的支持，他就选择白天上班，晚上上夜校。每周日上午，他会早早地赶到浙江大学图书馆学习，争分夺秒地汲取知识。为了大学梦，马云饱尝了不为人知的辛酸。

数学成绩差一直是马云的短板，为了在短时间内考出理想的成绩，他选择熟练背诵几个固定、常用的数学公式。考试的时候，他用这几个倒背如流的公式一个个套。高考成绩公布以后，马云手捧着成绩单露出了笑容，数学 79 分（当时满分是 120 分），他终于如愿以偿地考上了大学。

马云用行动告诉我们，失败多少次没有关系，关键是你还有没有继续尝试、永不放弃的信念。做事拼尽全力，就会有更多胜算，以及意想不到的收获。对每个人来说，努力是一辈子的护身符。

心理学领域有一个著名的跳蚤试验：将跳蚤放置于容器中，然后盖上一个透明玻璃板，这时一拍桌子，跳蚤就会受惊跳起来碰到玻璃板；反复几次后，它的跳跃高度会降低并不再碰撞玻璃板，此时即使拿走玻璃板，它也不会跳出容器。

其实，人又何尝不是如此呢？在屡次碰壁的情况下，我们也会出于自我保护的本能，在潜意识中给自己设定一个“高度”，并暗示自己：一定不能越雷池一步，否则就会受到伤害。一旦给自己设立了心理限制，哪怕能力再大、水平再高，最终也难以突破自己，创造出奇迹。如果你想成为一个不平凡的人，就必须像马云那样学会突破自我，逾越“心理高度”。

## 不安分的大学讲师创立翻译社
## ——男人要有出格的举动

历尽千辛万苦，马云终于跌跌撞撞地考入了杭州师范学院（今杭州师范大学）外语系，开始了精彩的大学生活。在校园里，马云积极参加各种校园活动，而英语专业成绩总是名列前茅。凭借优异的表现，他成功当选学生会主席。

对于大学生活，马云不敢虚度。在一次演讲中，他给年轻人的建议就是一定要考上理想的大学，与来自天南地北、有共同追求的年轻人走到一起。马云是这么说的，也是这么做的。在大学里，他结交了许多真挚的朋友，并找到了一生的挚爱。

张瑛是马云的师妹，她面容姣好，性格温和，成绩也十分优秀。在马云眼里，这无疑是心仪的对象。当时，张瑛有许多追求者，马云不甘人后，选择在男生宿舍楼下昭告天下：“我要追到张瑛，并娶她做老婆。”这件事立刻轰动了校园。

事实上，张瑛早就对马云青睐有加，但是为了考验对方的耐心和毅力，多次婉拒了他的追求。马云并没有气馁，反而越挫越勇。有一次，他镇定自若地说："通常情况下，男人的长相和智商是成反比的。"结果，张瑛被这句略带幽默但又饱含真理的话逗乐了，对眼前这个男人刮目相看。

马云虽然相貌平平，但是说话办事充满自信。在校园里，他积极参加各种社团，活跃在每一个角落。渐渐地，张瑛动心了，于是选择和马云牵手。以后的日子里，张瑛始终站在马云背后，默默地支持自己的爱人。

转眼大学生涯结束了，那是1988年的夏天，马云以优异的成绩从杭州师范学院外语系顺利毕业。至此，那个不谙世事的小伙子已经变成了成绩出众、人缘广、办事干练的青年才俊，准备开创非凡的人生。

当时，大多数同学都被分配到了各自的家乡，成为地方中学的人民教师。24岁的马云比任何人都幸运，他被分配到杭州电子工业学院（今杭州电子科技大学）任教。随后，杭州师范学院外语系的院长亲自找到马云谈话："你这个机会来之不易……现在许多年轻人热衷于'下海'经商，我希望你不要随波逐流。你肩上扛着的是我们杭州师范学院的牌子，一定要给我好好扛下去，至少五年之内不能倒下。"马云牢记院长这番话，在三尺讲台上一站就是六年。

杭州电子工业学院是一所理工科大学，主攻专业都是电子、控制、机械等，缺乏商务、贸易、外语方面的优秀教师。在这里，马云进入英语及国际贸易专业，成为一名讲师。几年教学生涯，马云倾注了大量心血，也为他后来在国际贸易领域创业打下了坚实的基础。

在课堂上，马云努力让学生们真的喜欢上英语，让学生们的英语水平真正地得到提升。为此，他摒弃了刻板的教学套路，推崇互动教学，营造活跃的课堂气氛。结果，这些做法受到热烈的欢迎，并有效提高了学生的口语水平。

出色的专业能力，良好的人际关系，让马云成为学校里最受欢迎的人。后来，他提出在西湖边上办一个英语角，立刻得到了许多人的热情支持。此外，许多做外贸生意的民营企业高薪邀请马云做专职翻译，他选择了兼职，只为信守老院长的五年之约。

在杭州电子工业学院英语教师这个职位上，马云兢兢业业工作了六年，得到了众人的认可。然而，他又是一个不安分的人，内心有一种强烈的感觉，一定要开创一番事业。

马云兼职做英语翻译，得到了用户的好评，结果聘请他的人越来越多。一个人的精力总是有限的，怎么办呢？马云发现，身边有许多老师退休在家，平常几乎无事可做。把他们聚集到一起从事英语翻译工作，既能让大家有事可做，还能获得额外的收入，何乐而不为呢？想到了就做，马云决定立即行动。1992 年，他在杭州创办了一家专业的翻译机构——海博翻译社。

为什么取名“海博”呢？马云曾经解释说，海博是英语“希望”的音译，他希望翻译社有大海一样博大的胸怀，有远大的希望。万事开头难，美好的设想总是与现实有差距。客户非常精明，不愿意把钱花在一个不知名的小翻译社上。结果，博海翻译社一开始就举步维艰，第一个月只收入 700 元，而当时公司一个月的房租就是 2400 元。这时，合伙人想撤资，外界嘲笑马云瞎折腾。

主动认输不是马云的个性，他坚信一定能成功。迫不得已，马云开始主动挣外快。炎热的夏天，他从杭州跑到义乌、广州，批发一些小工艺品，然后再千辛万苦地背回杭州贩卖。此外，他还推销医疗器材。直到 1994 年，翻译社才基本实现了收支平衡，并在

1995 年开始盈利。当海博翻译社步入正轨后，马云就放手将其交给合作伙伴打理，自己去干另一番事业了。

在杭州电子工业学院任职期间，马云不但把本职工作做得有声有色，还一手创立了海博翻译社。面对创业的艰辛，他想办法填补资金，让翻译社活下来，而后赢得转机。在这里，我们既能看到马云坚韧、顽强的个性，又能看到他灵活应变的能力。

为了应对海博翻译社资金吃紧的局面，他风尘仆仆地进货、卖小手工艺品，即使吃尽了苦头，也不在乎。成大事者，大抵都是这个样子。

在电影《阿甘正传》中，阿甘坐在长凳上，手里拿着一盒巧克力说："人生就像是一盒巧克力，你永远不知道自己拿到的是什么口味。"也许这就是人生的意义，充满未知，令人期待。马云像阿甘一样专心做好每一件事，同时也对未来充满好奇和激情，并敢于大胆尝试，取得令人惊喜的成就。

人生很漫长，也很短暂，在未知的世界里不负年华，需要勇往直前，在不断前进中突破自我，跑赢人生的每一段旅程。

## 赴美谈判，首次触网

### ——人生因梦想而伟大

1995 年，中国市场经济拉开序幕，对外开放如火如荼地进行着。国人初次与外国人做生意，难免会出现各种矛盾、误会。当时，杭州就发生了一起涉外合同纠纷。

那一年，杭州市政府计划修建一条通往安徽阜阳的高速公路。作为招商引资的组成部分，这个项目力图通过引入外资来减轻政府的财政开支压力。随后，一家美国投资公司主动接洽杭州市政府，表达了与之合作的意愿。经过一番协商，双方就项目的一些具体情况达成了一致协议，即美国投资公司出钱，等工程完工之后正式运营，可以从过路费用中获得分成。

工程进行了一年多，按照合作协议，美国投资公司应该支付资金。结果，对方没有履约。当时，成百上千名农民工参与了这条高速公路的建设，转眼到了年底，却拿不到工资，这的确是一件麻烦事。农民工无心干活了，于是找到杭州市政府出面解决问题。杭州市政府当然不能坐视不理，最后决定派一个人作为代表去美国和该投资公司进行交涉。

派谁去呢？市政府发了愁，这时有人提到了海博翻译社和马云。英语口语水平一流，又善于交际，马云无疑成了最佳人选。一个教书匠怎么会有这么大名气，并得到市政府的重视呢？显然，这与马云的才华及其不懈努力有关。当时，海博翻译社经营得有声有色，成为行业翘楚，自然离不开马云的功劳。在与客户接洽的过程中，马云结交了许多杭州市政界、商界的朋友，渐渐地成了众人眼里的“杭州英语第一人”。

人不可貌相，海水不可斗量，马云的英语水平和交际能力着实让大家赞叹。最后，他被委以重任，负责到美国与合作方交涉。就这样，31 岁的马云踏上了飞往太平洋彼岸的旅程，也开启了他与互联网的缘分。

按照行程，马云来到洛杉矶，下飞机之后立即来到那家投资公司。双方见面沟通之后，对方闭口不提资金之事，反而对马云进行了一番洗脑。

随后，对方将马云安顿在一个豪华的别墅里休息，并提供了珍馐美味。不仅如此，投资公司的董事长菲利普先生还特意安排了一个年轻小伙子，带着马云在洛杉矶旅行。再次见面之后，菲利普向马云摊牌，要么继续合作，要么去见上帝。马云无法接受苛刻的条件，断然拒绝了合作，结果被对方软禁起来。几经周折，他终于重获自由。

后来，马云拜托那个小伙子，帮自己买一张回国的飞机票；令人气愤的是，对方收了钱就人间蒸发了。马云到了飞机场却取不到机票，翻遍身上的口袋只有 25 美分。无奈之下，他在候机大厅里走来走去，寻找转机。来到老虎机面前，马云眼前一亮，干脆赌一把，也许还有翻身的机会。口袋里的钱很快就输得所剩无几，就在准备放弃的时候，奇迹终于发生了——马云赢了一笔钱，足够买飞机票回国了。

然而，马云想到自己此行的经历，心里实在窝火。如果不搞出点名堂，这样回国太没面子了。想到这里，马云索性决定暂时留在美国。

如果不回国，应该去哪里呢？马云在候机厅左思右想，头脑中忽然闪现出“比尔”这位朋友。比尔在大学里当外教，与马云友谊深厚，并且他的女婿在西雅图工作，从事与“internet”有关的业务。比尔第一次向马云提起“internet”这个概念时，显得异常兴奋，似乎那是一个神奇的事物。经过一番权衡，马云决定前往西雅图，看看“internet”到底是什么。

马云飞到到西雅图，很快就找到了比尔的女婿 Sam，并迫不及待地表示想了解“internet”。于是，Sam 将马云带到了一家叫 VBN 的小公司。这里有一间狭小的办公室，只有两个小房间，坐着五个人，大家目不转睛地盯着电脑屏幕，不停地敲击着键盘。原来，VBN 公司是硅谷乃至整个美国第一家 ISP（信息服务提供商）。

Sam 带着马云来到电脑旁，说道："这就是 internet。在这里，你可以找到任何你想要看到的东西。"接着，马云小心翼翼地坐在电脑前，在雅虎的搜索框里输入了"beer"这个词。结果，电脑屏幕上立刻显示出美国啤酒、德国啤酒、法国啤酒、日本啤酒，令人目不暇接。随后，他又输入"China"，结果显示为"no data"，没有数据。

陆地面积 960 万平方公里的中国，竟然在互联网上找不到任何数据，这一刻马云无法平静心绪，暗自发誓一定要在 internet 方面有一番作为。在随后的沟通中，马云对 Sam 说："我在杭州开了一家翻译社，能不能将它搬到 internet 上？"Sam 爽快地答应了。

这次美国之行收获很大，马云仿佛找到了未来发展的方向，也找到了人生奋斗的目标。他决心从头做起，让中国在互联网上占有一席之地，也让世界通过互联网了解中国。可以说，马云是幸运的，他很早就接触到了互联网，令其日后在电子商务领域大展宏图有了一个良好的开始。

# 第2章
# 商海沉浮：前进在少有人走的路上

## 一手创办中国黄页
## ——拥有敢为天下先的精神

美国西雅图之行，让马云见识了互联网的伟大与神秘。在好友的女婿 Sam 的建议下，马云注册了一个电子邮箱，开始憧憬着借助互联网做生意，虽然他对此将信将疑。

在西雅图游玩了一天之后，马云精疲力竭地回到酒店，忽然电话铃响了。Sam 打来电话："Jack，你快来看，有 5 封你的 e-mail。"马云顿时愣住了，随后异常兴奋，直接飞奔到 VBN 公司。打开电脑，果然在邮件里收到了来自几个国家的信件。

其中，一封邮件这样说："你在哪里？我想和你谈生意。"在马云看来，这无疑是一个巨大的商机。随着中国市场经济的发展，私人企业越来越多，但是没有一家企业在互联网上宣传自己，这是一个明显的短板，也蕴藏着巨大的财富机会。马云充分体验到了互联网的魔力，决心立即回国创业，做互联网！

回到杭州，马云带回了一件宝贝——“386”笔记本电脑，配有英特尔的芯片，这是当时世界上最先进的 PC 机。接着，他迅速召集朋友到家里商量大事，当时到场的是 24 位交情深厚、值得信赖的密友。

那天晚上，马云站在人群中间，慷慨激昂地介绍了美国之行的见闻，最后重点谈到了电脑和互联网，并把“386”笔记本展示给大家看。他提醒大家，互联网是一个神奇的新鲜事物，必将改变世界，而美国人早已开始研究并利用它了。“我们中国人不能甘于人后，也要跟上时代的步伐，我们也要做互联网。”

听着马云的激情演说，大家都认为他只是图个热闹罢了。最后，当马云宣布辞职创业，并投身互联网的时候，所有人都表示不感兴趣，甚至坚决反对。当时，只有妻子张瑛支持马云。

面对众多朋友的反对，马云没有退缩，毅然放弃了大学教师的工作。随后，他拿出全部家当，又东挪西借，终于凑够了 10 万元，创办了第一家互联网公司——浙江海博网络技术有限公司。至于海博翻译社，则交给年轻人打理。

毫无疑问，海博网络技术有限公司是中国第一家真正意义上的商业网站，马云将其定名为“中国黄页”。这家公司虽然规模不大，但是内部机构非常完备，可谓五脏俱全。诞生之初，中国黄页就是一家股份制公司，拥有四个股东和三个创办者。其中，马云夫妇共出资 8 万元，拥有 80%的股份；宋卫星出资 1 万元，占有 10%的股份；另外 10%的股份由马云的大学同学何一兵占有。

万事开头难，中国黄页创立初期非常艰难，资金方面捉襟见肘，业务上也非常凄惨。眼看着公司毫无起色，马云心急如焚。无奈之下，他从身边人做起，才让业务有了一些起色。

当时，中国黄页租用美国西雅图 VBN 公司的服务器，在利润上要和对方四六分成。此外，网页制作也由美国公司负责，人工费非常昂贵，也加大了公司开支。后来，马云收获了李琪这员大将，才中断了与美方的合作，逐步自己设计制作网页。

马云认真分析市场后得出结论，杭州人大多不知道互联网，因此利用网站进行营销也不普遍，为此首先要宣传普及互联网知识。于是，马云开始在杭州的大街上宣传中国黄页，终于拉到了第一个付费客户——望湖宾馆，拿到了这个两万元的单子。客户不理解，马云就反复讲解电子商务的来龙去脉，以及在互联网上做广告的价值。靠着软磨硬泡的功夫，马云谈下了一笔又一笔生意，让中国黄页的业务有了起色。

今天，马云已经成为创业英雄、财富化身，那么闪耀夺目，然而他在创业之初付出的努力和汗水却不为人知。没有人能随随便便成功，男人在开创事业发展的道路上注定要经历常人难以理解的辛酸和苦难，唯有不怕吃苦、不怕打击，才能在激烈竞争的市场中活下来。在迈向成功的道路上，耐力与韧劲缺一不可，如果不能逆水行舟，很快就会出局。

显然，马云在做一件全新的事业，中国黄页与传统的食品、服装、家电、汽车等行业不同，它出售的是一种看不见、摸不着的东西。如果无法看到成效，谁愿意掏钱呢？当互联网刚刚在中国起步时，不熟悉它的人不情愿买单很容易理解。

为了让更多商人、企业家明白互联网是怎么回事，马云可谓煞费苦心。他风雨兼程，拿着几张从美国寄来的打印纸和一通越洋电话，力图说服客户搭车互联网做生意。因为空口无凭，互联网还未被市场认可，结果许多人说马云是骗子。面对客户的不信任，马云简直哭笑不得，更多时候显得很无奈。

1995 年 7 月，经当时的邮电部电信总局批准，上海率先在中国内地开通了 44K 的互联网专线。这一刻，马云终于看到了曙光，他坚定地认为自己此前的努力和付出没有白费。

8 月的一天，在杭州西子湖畔的一间普通的小民房里，杭州明珠电视台的工作人员正在现场拍摄极具历史性的一幕：瘦小的马云在昏暗的房间里操作一台“486”电脑，身后站着望湖宾馆的老总和电视台的记者。随后，马云用长途电话拨通了上海电信的电话，过了五分钟，这台笔记本电脑成功联网。

接着，马云打开了电脑屏幕上的 Mosaic 浏览器，用键盘敲打出了一串文字——http://www.chinapages.com。三个半小时后，电脑屏幕上出现了望湖宾馆的主页，在场的人兴奋不已。看着电脑上从美国西雅图传过来的望湖宾馆的图片和简介，马云和众人激动地拥抱在一起。就这样，大家终于见识了互联网的力量，也相信马云所言非虚。

不久，媒体开始争相报道中国黄页的事迹，结果马云在杭州市声名大震，这直接带动了公司业务量攀升，迅速实现了盈利。巨大的声望与利润让马云享受到了成功的喜悦，这个行业也引来不少商人的垂涎。

1995 年 9 月，五个来自深圳的生意人给马云来电话，许诺出资 20 万元进行合作。这突如其来的好事令马云兴奋不已，他未加思索就将公司的核心商业模式、技术精髓和盘托出，还派公司的核心员工到深圳为对方架构、设计、开发系统。对方非常满意，答应三天后到杭州与马云签署合同。

三天之后，那几个老板并未出现，马云意识到自己被骗了。果然，几天之后，对方在深圳召开新闻发布会，宣布自己的公司已经成功上网并成为一家商业网站，还现场演示网页和系统。毫无疑问，这些内容与中国黄页一模一样。马云受到沉重打击，心情非常失落。不过，他又认为这是一件好事，让自己对商界的残酷有了深刻而清醒的认识。

骗子能够一时得逞，却无法笑到最后。当年骗马云的那几个人和他们的企业早已销声匿迹，而马云和他的企业却屹立不倒，越做越大，这说明真正踏实干事的人才是商业趋势的掌控者，才是时代的创造者。从此，马云更加坚定了投身互联网创业热潮的决心，并在以后的日子里一次次超越了自己。

## 在北京卧薪尝胆的日子

### ——不经历风雨，怎么见彩虹

在中国大力推行互联网技术和市场应用，马云无疑是第一个吃螃蟹的人，显然这需要极大的勇气和魄力。经过一番努力，他终于让市场认识了中国黄页，接下来的任务就是做好推广工作。

随后，马云开始到全国各地跑业务，然而其他城市不像杭州、上海这样开放，接受互联网也很困难，许多人一度把他当作骗子。如何打开市场？马云萌生出了一个想法——去北京！

1995 年 12 月，马云独自一人坐上了开往首都的火车。经过多方联络，他找到了时任《中国贸易报》的副总编辑孙燕君，最后商定将记者江勇写的《走进马云》一文发表在《中国贸易报》上。由此，北京媒体第一次报道了马云和中国黄页。

在以后的日子里，马云与孙燕君建立了深厚的友谊。两个人在寒风凛冽的北京街头漫步，在中央各大部委门前走过，一起谈天说地，谋划互联网的未来。后来，马云听从孙燕君的建议，在北京长安俱乐部的雷吉儿餐厅举办了一次联谊活动，邀请报界、商界人士参加。

当天，马云和同事早早地忙碌起来，布置会场的时候丝毫不敢大意。活动开始以后，马云集中全力展示互联网的魅力。他说："世界首富比尔·盖茨说过，互联网将会改变人类生活的方方面面。"其实，比尔·盖茨根本没有说过这句话，马云之所以借名人之口阐述自己的观点，就是为了让听众信服。对创业者来说，这种背靠大树好乘凉的理念的确非常有效。

接着，马云讲解互联网的基础知识，展望这项技术革命美好的发展前景，并强调中国未来互联网发展的重大机遇。台上侃侃而谈，台下却听得晕晕乎乎，新事物的出现可能都要经历这样一个过程。演讲结束了，宴会正式开始，马云穿行在人群中，与商界、报界的带头人进行深入的沟通，希望获得资金支持。

当时，中国互联网事业刚刚起步，国家基础网络没有建设完善，马云口中的伟大理想有些不合时宜，很少有人敢冒风险投资。不过，媒体圈的朋友们非常热情，愿意为中国黄页做宣传，这给了马云不小的宽慰。不久，利空消息传来：在没有政府明文表示支持的情况下，任何媒体不得大肆宣传互联网。刹那间，马云刚刚燃起的热情就被一盆冷水浇灭了。

这时候，有人建议马云说服《人民日报》登录互联网，那么以后的事情就好办了。的确，《人民日报》是党的喉舌、政府的传声筒，是名副其实的第一媒体，其影响力不言而喻。可是，办成此事谈何容易。

恰好，马云有一个朋友在人民日报社办公室做行政工作，于是他主动联系对方，当面讲解自己在美国的传奇经历，以及互联网的神奇之处。两个人正聊得起劲，忽然一个领导派头的人走进来，加入了聊天。最后，那个人高兴地拍着马云的肩膀说："小伙子，以你现在对互联网的理解，足以给《人民日报》处级以上的干部上几次课了。"说者无心听者有意，马云抓住这个千载难逢的机会，主动应许下这件事。第二天，他竟然真的给人民日报社干部上课了。

马云本来就是大学教师出身，口才极佳，他那极具感染力的话语和肢体语言，彻底征服了课堂上的听众。随后，《人民日报》真的上网了。从前期构架到开发、设计、上线，马云带领团队全程参与了整个上网的过程，大家累并快乐着。

正所谓师出有名，如果想在北京干出点儿名堂，打响宣传战必不可少。随后，马云结识了在中央电视台《东方时空》栏目组工作的老乡樊馨蔓。她为人十分仗义，再加上老乡关系带来的亲近感，因此被马云的创业热情打动和感染了。经过一番准备，樊馨蔓拍摄了一部名为《书生马云》的专题片，生动写实地展现了马云在北京四处推销、到处碰壁的情景。今天看来，这是难得的珍贵影像，让后人能够见识到马云当初创业的艰辛与不易。

《书生马云》在电视上播出时，正在南方搞期货的楼文胜无意中看到了。他是马云的大学校友，学龄低两级，看到师兄在电视上大谈特谈互联网，顿时眼前一亮。接着，他立刻来到杭州，到中国黄页应聘，成为马云公司的一名正式员工。楼文胜的确有想法，也有能力，后来他追随马云南征北战，成为"十八罗汉"之一。

在北京艰苦奋斗的日子里，马云吃过苦、碰过壁，曾经在宽阔的马路上徘徊，也曾在不眠之夜陷入沉思。虽然眼前充满了太多不确定，但是他没有停止前进的步伐，没有放弃坚持下去的信念。

一个深秋时节，马云曾经带着何一兵专程拜访瀛海威创始人张树新，后者是当时互联网行业最具知名度的“网络女侠”。彼时，瀛海威在北京街头有一块充满感染力的广告牌——“中国人离信息高速公路有多远——向北 1500 米”，那里正是大名鼎鼎的中关村。

当马云在一间办公室里见到张树新的时候，这位传奇人物正忙得不可开交。她根本没有太多时间招呼客人，结果让马云等了半个小时。当时，马云本想和张树新就互联网未来在中国的发展进行深入沟通，后来觉得自讨没趣，索性匆匆离去。

处于互联网起步阶段，马云多次上门推销这项技术，但是市场需求并不大，因此业务始终不见起色。当时有一种观点认为，互联网应该由国家出面搞，一个私人企业做这件事不可能成功。的确，当时马云做的事情太超前了，他在开创一个全新的时代，注定要饱尝更多辛酸。就这样，他第一次从北京铩羽而归，带着遗憾回到杭州。

创业之初，马云拼尽全力推广互联网，饱尝了商海沉浮的艰辛与痛楚。当时势还不足以让一家公司蓬勃发展时，付出再多努力也是徒劳的。显然，马云改变不了中国黄页在资本和体制的双重挤压下求生的局面，注定成为中国互联网史上第一个悲剧英雄，最终悄无声息地出局了。

那段日子，马云并不是仅有的悲情英雄，“女侠”张树新、“神童”王志东都先后倒下，见证了市场的残酷与无奈。有时候，失败是一种比成功更宝贵的经验，它让马云深刻理解了资本时代的规则，并为他日后卷土重来完成了认知方面的训练与心智上的成熟。

男人成就一番大事，注定要经历失败的考验。最重要的是，身处逆境要不忘初心，不随波逐流，不轻易妥协。为了使梦想成真，马云独闯京城，着实下了巨大的功夫，也吃了一番苦头。他在挫折与失败面前不仅没有丧失信心，反而更加清楚地知道自己该做什么、不该做什么。由此可见，对未来充满恐惧会让人裹足不前，而敢于大胆行动的人能跳出小圈子，在追求梦想的道路上更进一步。

## 外经贸部开启电子商务时代
### ——做事态度决定事业高度

人生因为积极向上而变得更加多姿多彩。上帝在关上一扇门的同时，会为你打开一扇窗。也许是因为命运的捉弄，贝多芬无法听到外面的世界，但是能创作出绝世佳曲。

马云从北京返回杭州，只经历了短暂的修整就立刻重新起航，开始二次北上创业。机会永远属于有准备的人，只要始终在奋斗的道路上奔袭，就有拥抱成功的机会。

1997 年 11 月的一个秋日，马云带着中国黄页的团队成员集体出游，来到桐庐的红灯笼度假村。当时，团队内部有几对新人借机在度假村举办了集体婚礼，气氛非常喜庆。婚宴上，马云端起酒杯先干为敬，然后发表了一则重要声明。他说：“各位兄弟姐妹，经过再三考虑，我决定离开杭州，再次回到北京做事。”

这个突如其来的决定令现场的人措手不及，马云真的要离开杭州，离开一手创办起来的中国黄页吗？现场一度陷入沉寂，忽然一个女孩儿忍不住放声大哭，大家更紧张了。看到气氛不对，马云立刻安抚大家："这不是生离死别，在互联网时代不存在时空的隔阂，我去北京开拓市场，如果一切顺利，就在杭州设一家分公司，不会丢下大家。"随后，众人紧张的情绪才平复下来。

再次北上，马云一行八人，落选的人自然有些惆怅。离开杭州的时候，面对未知的前景，大家颇有点"风萧萧兮易水寒，壮士一去兮不复还"的悲壮之感。这时候，中国黄页的营业额已经做到700万元了，成为一家不可忽视的公司。而北京的市场环境发生了巨大变化，中国人正在慢慢学着和外国人做生意，并主动借助互联网这个新兴工具。

马云这次北京之行，是接到了外经贸部的正式邀请，负责为对方开发官方网站。当时，同行的有妻子张瑛以及孙彤宇等几员老将。

外经贸部旗下有一个中国国际电子商务中心，它成立于1996年2月，英文简称CIECC。成立之后，这个部门一直没有投入运营，原因是缺乏技术人才。1997年1月，时任外经贸部部长的吴仪在全国外经贸工作会议上宣布，中国国际电子商务中心正式运营，由此拉开了中国政府利用网络为贸易服务的新篇章。

当时，外经贸部考虑建一个大内网，再加上一个官方政府网站；而建立网站所需要的一切审批手续和资金、设备都已经准备齐全，只差合适的人来操作。彼时，马云在杭州做中国黄页已经小有名气，因此成为外经贸部的首要人选。合作条件非常优渥，外经贸部给中国国际电子商务中心提供了200万元的启动资金，并承诺给马云30%的股份。随后，马云带领团队立刻投入了紧张的工作中。

对于开发外经贸部官方网站——大内网，领导层的想法是在全国范围内铺设光纤，在外经贸部下属的各个分支机构分别设立接口网点，所有的网点互联起来就构成了一个大内网。经过充分沟通之后，整个团队加班加点工作，保质保量地完成了任务。

然而，新的问题很快出现在运营环节。虽然政府的红头文件发下去了，但是业务十分冷清。在市场经济条件下，许多企业家已经不再愿意凡事都为政府的红头文件买单了。原来，外经贸部类似于今天的“电子政务”系统，功能非常简单，平常只是办理企业与外贸相关的审批手续，以及向外贸企业发布相关的外贸政策法规。从某种意义上说，这就是政府的分内之事，企业自然不愿意为此买单。

事实上，马云对此心知肚明，他在最初也反对建立大内网，提出做互联网，只不过意见没有被采纳。现在，他再次提出扩大内网、建立互联网的建议，最终被外经贸部的高层领导认可。

1998 年 7 月，外经贸部批准成立合资的国富通信息发展有限公司，办公地点就设在崇文门的新世界饭店，由马云出任总经理一职，并拥有相应的股份。随后，马云没有停止前进的步伐，他积极推动“网上中国商品交易市场”项目，实现了真正的资源共享。结果，很多中小企业踊跃上网，网站很快实现了盈利。随后，在外经贸部和地方部门的大力支持下，网上中国商品交易市场的发展十分迅速。

在北京一年多的时间里，马云带领团队成功推出了网上中国商品交易市场、网上中国技术出口交易会、中国招商、网上广交会和中国外经贸等一系列网站。1998 年 10 月 5 日，纺织品配额电子招标网络化的实现，标志着我国对外经济贸易进入电子商务时代。显然，马云及其团队的开拓精神在今天看来仍然令人肃然起敬。

在外经贸部工作的日子里，马云和团队付出了太多努力。当时，八个人全部住在外经贸部东郊潘家园的集体宿舍里，前后两批一共 13 个人被分成三小群，分住在三套非常简陋的房间里。众所周知，开发网站的工作很累，加班是家常便饭。马云的团队人手不够，经常是一个人干几个人的活儿。即便如此，大家也没有计较，这保证了团队极具向心力。

马云是杭州人，他的团队成员也是南方人，刚到北京的女同事不适用北方干燥的气候，皮肤常常出现各种问题。此外，大家为了挤公交车，常常很早就跑去车站候车，下大雪的时候甚至要步行上班。这些艰难的日子让人身心俱疲，但是大家始终保持积极乐观的精神，苦中作乐，完成了艰巨的任务。

从杭州到北京，马云辗转数次，风风雨雨之中被嘲笑、被误解，但马云始终对互联网充满热情。他用行动向世人证明了当初的选择是正确的，而为了实现心中的梦想，付出多大艰辛都无怨无悔。

态度决定一切，拥有了积极的态度，做事会更加从容。在事情还没有开始之前，你就认为它不可能成功，那么它当然也不会成功；或者你做事情时三心二意、马马虎虎，那么事情也不会有很好的结果。从某种意义上说，态度是决定事业高度的前提。如果你对待事情不端正、不积极，那么事情的结果就可想而知了。

任何时刻，马云都积极主动为梦想奋斗，朝着既定的目标前进，因此他凭借执着的精神和不懈努力突破自我，让人生有了不一样的精彩。

# 第3章
# 创业维艰：西湖边打造阿里帝国

## 50万起家创办阿里巴巴
## ——用豪情壮志点燃创业激情

在外经贸部的工作有苦也有乐，马云和他的团队得到领导的重视，日子似乎就要这样过下去。然而，互联网市场风云突变，马云伺机而动，准备打破眼前的舒服状态。

1998年5月4日，雅虎网站开通了第十三个非英语站点——雅虎中文网站，具体包括雅虎（中国）香港、雅虎（中国）台湾和雅虎中国。显然，雅虎准备在中国内地开展网络广告业务，从这个巨大体量的市场中掘金。

这个事件注定会触动马云，并促使其进行多重思考。事实上，当年马云在西雅图那间办公室里第一次接触互联网时，使用的搜索工具就是雅虎。雅虎中国成立的第二个月，外经贸部电子商务中心下属的国富通技术发展有限公司和雅虎达成合作意向，双方共同开展内地的业务。作为国富通公司的总经理，马云自然与雅虎中文网总裁杨致远有了面对面沟通的机会。

这次深入交流让马云产生了新的想法——回到杭州，全身心投入互联网事业。1998年冬天，马云向大家说明了意图，立刻引发震动。显然，许多人不理解马云的想法，认为公司目前在北京发展良好，为什么重返杭州呢？其实，马云不想做大内网，希望做彻底商业化的互联网，也就是做全世界最大的商人网站。

回到杭州从头做起，意味着前途未卜，马云提出给大家三天的考虑时间，结果还没超过5分钟，所有人都做出了同样的决定——一起回杭州。那一刻，马云被感动了，心中对大家充满了无限感激。

这是一个令人难以忘怀的冬天，窗外飘着鹅毛大雪，马云和队友们在一个小饭馆里畅饮。大家举起酒杯一饮而尽，共同唱着《真心英雄》，歌声飘出酒馆，伴着雪花在天空起舞。“把握生命里的每一分钟，全力以赴我们心中的梦，不经历风雨，怎么见彩虹，没有人能随随便便成功！”在这动人的歌声里，我们能够感受到马云与队友们顽强的意志、不服输的精神、对梦想的矢志不渝。

在寒冷的冬天告别北京，踏上南下的列车，在外人看来似乎充满了悲情。但是，马云内心是兴奋、激动的，他很清楚接下来要干什么，并坚信能开创划时代的商业局面。从接触互联网的第一天起，马云就意识到这是一个功能非常强大的工具，能够为企业节省各种成本。伴随着中国经济发展，互联网必然大有用武之地。之所以重返杭州创业，是因为马云认为浙江是中国中小企业的海洋，这里蕴藏了互联网发展的无限商机。

得知马云回到杭州创业，杨致远立刻抛出橄榄枝，希望他出任雅虎中国的总经理，但是遭到了拒绝。不过，这丝毫不影响两个人的情谊和信任。当时，杨致远的口号是“雅虎要做一切”，但是马云说："从理论上说，你什么都做，往往什么都做不好。互联网的走势越来越纵向化，往横向发展比较困难。"

随后，马云笃定地认为："互联网上有各种各样的东西，那么我应该做商业，做贸易，做商人的网站，电子商务才是未来的大趋势。"当时，中国互联网企业正扎堆模仿雅虎、亚马逊和易趣，集中精力搞网络门户、网上书城和网上拍卖。马云能够不被眼前的热闹场景迷惑，始终坚持冷静思考，并做出富有前瞻性的正确判断，这种格局意识显得多么珍贵。

彼时，在中国做电子商务时机并未成熟，因为银行系统没准备好，配送也没到位，为此，马云推出的是一种新式的 B2B 模式。具体来说，它围绕着中小企业做文章，而非聚焦大公司，用马云的话形容就是"不抓鲸鱼，抓虾米"。

在中国，许多中小企业经营者头脑精明，追求实际利益，赚更多的钱是其唯一的目标。马云的构想就是帮助这些中小企业赚钱，通过提供免费服务吸引一批客户，然后聚集更多企业在自己的开放平台上做生意，从而产生规模效应。

不可否认，那时的网上交易、结算和网下配送都不成熟，所以马云没有触碰这些东西，只是吸引客户在网上交流信息，在网下进行交易。他希望从最基础的东西做起，一步步拓展电子商务的边界，不断开拓新的商业模式。战略清晰之后，马云决心带领团队大干一场。

公司专注地做电子商务，应该起什么名字呢？马云坚持认为，新公司应该有一个全球化的名字，为此他和伙伴们绞尽脑汁。一开始，大家想了许多名字，商议后都感觉不合适。忽然，马云头脑中闪现出"阿里巴巴"，然而上网一查才发现这个名字已经被加拿大一家公司提前注册了。失望之后，他只好继续想名字，并在网上查找，结果再也碰不到合适的。

大家坐到一起，仍然觉得“阿里巴巴”这个名字很合适。中文“阿里巴巴”很大众化，西方人熟知天方夜谭的《阿里巴巴和四十大盗》这个故事，“阿里巴巴”天生就是财富的代名词。随后，马云立刻联系加拿大公司，与对方沟通了很久，最终以 3000 美元的高价成交。至此，马云买断了阿里巴巴的域名。

解决了公司名称，资金问题又成为摆在眼前的一大难题。马云首先把房子简单装修了一下，买了几件家具，随后又购置了电脑。接着，团队精英陆续回到杭州，绰号宝宝的周越红从北京回来了，孙彤宇于 1999 年 1 月 9 日回到西子湖畔，留在北京善后的谢世煌最后一个返回。

人都到齐了，马云把大家召集在一起，开门见山地表明立场：“我们开始创业了，请大家把口袋里的钱放在桌子上。在这里，我强调几个原则：第一，不能向父母借钱，不能动老人的退休本钱；第二，不能向亲友借钱，避免影响家人的正常生活。我们做事要愿赌服输，即使创业失败了，钱是自己的，大不了重新来过！”

说完，马云带头把自己的全部积蓄放在桌子上。看到马云说到做到，大家心潮澎湃，纷纷拿出自己的积蓄，最后足足凑了 50 万元。这些钱都是大家省吃俭用积攒下来的，是血汗钱，表明每个参与者都赌上了自己的未来。这次集资意义深远，它决定了阿里巴巴是一家合伙人的股份制公司。与其他许多公司个人当老板、自己控股不同，阿里巴巴的股权掌握在员工手里，这是一种可持续发展的经营模式。

今天，大多数公司都是股份制，老板通过绝对控股的方式掌控整个公司。但是，马云在创业之初就反其道而行之，慷慨地把股份分给了 18 个创始人。不靠控股掌控企业，这不是一般人能做到的，马云的远见与格局令人折服。

显然，马云志在做百年企业，让公司实现可持续发展，为此他努力规避中国式家族企业的弊端。他说："家族气，小资本主义，小心眼，这些东西都不行，西方的公司是用制度来保证的，而我们中国人是用人在保证。"所以，马云放弃了自己控股当大老板，让团队成员成为真正的事业伙伴。

马云对大家说："在未来的三五年内，阿里巴巴一旦成功上市，公司的每一个股东都会得到丰厚的回报。"这个精力旺盛的男人凭借坚定的信念、先进的理念、出众的口才引领着公司前进。不可否认，马云是兜售未来与希望的高手，但绝非空想。阿里巴巴整个团队众志成城，将激情转化为行动，飞奔在梦想之路上。

## 淘宝网上线，一鸣惊人
## ——奋斗是生命的时尚

对马云来说，创建阿里巴巴是一生事业的真正起步。随着业务量与日俱增，公司发展逐步进入良性循环的状态。后来，公司还得到了孙正义的千万元风险投资，发展速度超出了预期。

市场总是处在不断变化之中，永远没有风平浪静的时刻。2003年，"非典"疫情暴发了，阿里巴巴遇到了前所未有的麻烦。如何应对眼前的巨大挑战？马云没有消极悲观，反而把危机变成机遇，找到了阿里巴巴新的成长机会。

"非典"暴发以后，全国上下都笼罩在焦虑之中，人们尽量减少外出，学校停课，消费热情骤减。这一突发事件无疑给商业活动带来沉重打击，并且这种局面何时好转无人知晓。一波未平，一波又起，阿里巴巴公司也发现了“非典”病例。对此，马云感到非常自责。当时，他还给全体员工写了一封道歉信，表达因未能保证同事的健康而懊悔，并承诺一定负责到底。

随后，阿里巴巴整个办公场所被隔离了 12 天，其间大家只好在家办公。马云一度陷入焦虑，一番思索之后，派工程部的技术人员帮助员工在家里安置电脑等办公设备，展示出极高的办事效率。

不可否认，突如其来的“非典”给公司正常上班带来了一些麻烦，但是员工按时在家办公保证了各项工作顺利运行，结果每天的交易没有受到丝毫影响。这一次，互联网展示出了其强大优势。除了正常上下班，阿里巴巴的员工还会通过互联网 K 歌，娱乐休闲也照常进行。

对许多行业来说，“非典”的确是一场灾难，大多数公司的业绩一落千丈，甚至有的公司关门大吉。然而，也有一些公司另辟蹊径，找到了新的发展模式，做出了更为出色的事业。毫无疑问，马云和他带领的阿里巴巴就是成功的典范。

即便阿里巴巴几乎所有的员工被隔离，仍然有一批人昼夜不停地坚守在工作岗位上。那么，他们在干什么？为什么没有被隔离呢？原来早在公司发现“非典”病例之前，马云就安排一些人秘密住进了湖畔花园的房子里，从事另一项重要的工作。谋划公司的未来，是马云的一项重要职责。他想创建一家和易趣抗衡的 C2C 网站，后者是全球知名的 C2C 企业。当时，阿里巴巴做的是 B2B 业务，马云志在切入易趣的 C2C 领域，引领公司获得长远发展。

易趣是最早把美国 C2C 在线销售概念引入中国的公司，并创立了易趣网。后来，美国 eBay 公司收购了易趣，改名为 ebay.cn，成为当时中国电子商务市场的老大，大约占有全国网购市场的三分之二。

在马云看来，介入 C2C 业务是一次伟大的尝试，也是一项伟大的创造，而这项业务就是日后大名鼎鼎的淘宝网。经过一番筹备，2003 年 5 月 10 日，淘宝网正式上线了。生于危难之际，当时发布仪式非常简单，没有鲜花和镁光灯，参加人员也很少，马云高举酒杯，把祝福默默藏在心里。

淘宝网上线以后，又遇到了一个新的问题——没有产品可卖。最后，员工翻箱倒柜找出了 30 件东西，然后放到淘宝上展示，随后你卖我买，慢慢制造人气。过了一个月，终于吸引了一部分用户。

随后，淘宝网开始走免费路线，人气继续增长。然而，面对强大的竞争对手 eBay，淘宝网如果想与其抗争，显然还要付出很多努力，也需要一些时间。当时，eBay 资金实力雄厚，可以在新浪、搜狐、网易等门户网站投放昂贵的弹出式广告，并且这种合作协议具有排他性，结果淘宝网根本没有合作机会。于是，淘宝网尝试在个人网站和地铁、公交汽车上做广告，这种立体宣传的策略竟然很有效，吸引了一些客户。

企业从无到有，要经历一个发展、壮大的过程。其间，竞争对手是企业成长的磨刀石，唯有敢于竞争、善于竞争，并找到自我发展模式的企业才能在市场大潮中存活下来，走得更远。作为淘宝网的创立者，马云坚韧、求变、执着，就像养育一个孩子一样默默付出着。

事实上，马云决心带领淘宝网与竞争对手易趣网抗衡，不仅是出于商业选择，也源于内心深深的爱国情怀。改革开放之后，许多外国企业开始进入中国市场，马云不希望处于劣势的中国互联网被外来的企业指手画脚，甚至丧失主导权，所以他立志带领团队打造优秀的中国互联网企业。

男人，应该像马云一样遇强则强，越挫越勇。每个男人的成功故事，都取决于某个关键时刻。当这个时刻来临时，一旦犹豫不决或退缩不前，机遇就会失之交臂，再也不会重新出现。而在关键时刻一鼓作气地把事情做下去，你就能见证自己的人生奇迹。

法国伟大的皇帝拿破仑，非常重视“黄金时间”。他知道，每场战役都有“关键时刻”，把握住这一时刻意味着战争的胜利，稍有犹豫就会导致灾难性的结局。他说：“之所以能打败奥地利军队，是因为奥地利人不懂得五分钟的价值。”

显然，马云是一个果敢的男人，一旦确定了目标，就会马上行动。他清楚地看到了 eBay 存在的一些问题，比如收费制度。对此，淘宝网的应对策略就是免费——既不收开店费，也不收交易费。这给淘宝网带来了极高的人气，用户量陡增。易趣面对这种局面也只好宣布开店免费，却因为执行不彻底在形象上减分。

后来，eBay 收购易趣，开始大举进军中国市场，这让马云感受到了深刻的危机。“进攻就是最好的防守”，马云决定以攻为守，努力做大淘宝网。为了解决发展所需的资金问题，马云亲自飞往日本，找到孙正义。结果，两人一见如故，并且在进军 C2C 这个问题上有着惊人一致的想法。

日本之行非常顺利，淘宝网获得了发展所需的资金，开始疯狂增长。看到这种局面，易趣坐立难安，于是开始封杀淘宝。当时，易趣在自己的网站上发布“淘宝贝，开店铺，生活好享受”，并在谷歌和百度上投放“要淘宝，到易趣”这样的广告，一度引发业界公愤。

无奈之下，淘宝网只好另辟蹊径。2004 年，冯小刚导演的贺岁大片《天下无贼》取得了上亿票房的佳绩，形成良好的口碑效应。当时，淘宝网就在这部影片中植入了广告，短时间内声名大振。随后，淘宝网再接再厉，又在电视台投放了大量广告。易趣见此法有效，果断模仿淘宝网采取相同的营销策略。在双方白热化的竞争中，易趣花费了22.4亿元人民币，淘宝网花费了14.5亿元人民币。

一场较量之后，淘宝网显然领先一筹，迅速抢占了一大块市场份额，当年成交额超过23亿元人民币，占据了超过60%的市场份额。但是，竞争并未结束，反而愈演愈烈。2006年9月21日，吴世雄辞去ebay易趣的首席执行官职务；12月20日，惠特曼宣布eBay中国和TOM在线合资。至此，易趣从中国市场撤出，马云大获全胜。

从诞生的那一刻开始，淘宝网就面对易趣这个劲敌的威胁，马云毫不畏惧，展示出逆水而上的魄力。实际上，两大网站竞争的关键点就在于用户，买家和卖家决定着它们的生存与否。淘宝网实行彻底的免费政策，通过日积月累培养忠实客户，并充分了解他们的需求与商业习惯，进而获得了真实、有效的市场竞争策略。比对手更了解客户，更清楚客户最需要什么，这是淘宝网打败易趣的根本原因。

面对竞争，勇敢地冲上去决战才是硬道理，软弱退让无法赢得生存机会。在男人的世界里，具备应有的使命感，永远迎难而上，才能赢得一席之地。做马云这样的男人，在征服与被征服中，在自信豪迈与威严杀气中，在剽悍不羁与忠诚服从中，用自己的智慧、意志、勇气实现人生价值，才不枉此生。

## 支付宝开启电商的里程碑
## ——为信誉而战，就会拥有未来

中国电子商务市场已经有了明显进步，但是存在一个不容忽视的问题，那就是网上购物发展缓慢，原因是卖家与买家之间缺乏应有的信任。研究发现，买家不敢轻易付钱，担心把钱打给卖家之后收不到货物，或者担心收到的货物存在质量问题。

显然，如果不妥善解决这一问题，那么电子商务发展就会严重受限。为此，马云于2004年为淘宝网开发出一项新的功能，就是要求买家将钱通过支付宝打到淘宝网，然后卖家发货；买家收到货并确认之后，卖家才能收到由淘宝网通过支付宝打来的货款。根据协议，如果商品存在质量问题，买家可以提出申请退款，淘宝网将通过支付宝把钱退还给买家。

这就是具有国内领先水平的独立第三方支付平台——支付宝，它秉承“简单、安全、快捷”的服务理念，有效解决了在线支付问题。当时，马云提出了“你敢用，我就敢赔”的口号，推出了全额赔付的制度，给买卖双方吃了一颗定心丸。

在2006年中国IT用户满意度调查中，支付宝还被评为“用户最信赖互联网支付平台”和“互联网支付平台服务满意度第一”。这些殊荣的获得，都是用户对于支付宝的肯定与信任。

毫无疑问，支付宝的诞生对电子商务来说是一个里程碑。从此，用户可以不再担忧支付问题，有了安全的购物环境，由此淘宝网的交易量迅速增加。说到底，支付宝就是一个信用中介，而信用是电子商务的基础和依托；有了支付宝这个助推器，电子商务的发展就有了广阔的前景。

2008年2月27日，支付宝发布了移动电子商务战略，正式推出手机支付业务。从此，支付宝使用起来更加便利，用户只需一部手机就可以完成交水电费、交手机费、转账等服务。

2010年12月23日，支付宝与中国银行合作，首次推出信用卡快捷支付；2011年5月26日，支付宝还获得了央行颁发的国内第一张《支付业务许可证》。2013 年 11 月 13 日，支付宝手机支付用户数超过 1 亿，支付宝钱包用户数达 1 亿，由此正式宣布成为独立品牌。

当然，支付宝的发展并未止步。2013 年，12306 网站支持支付宝购买火车票；同年，支付宝的单日交易笔数的峰值就达到了 1.88 亿，其中移动支付单日交易笔数峰值达到 4518 万，交易额峰值达到 113 亿元人民币。

同样是 2013 年，支付宝公布了 2012 全民年度对账单，它覆盖了全国所有省（区、市）将近 8 亿名用户，是对人们网上消费、网上生活的一次年度总结。中国网购的人数越来越多，由此可见一斑。这是一个电子商务大发展的时代，动动手指、轻轻一划就能轻松购物，这是以往不敢想象的事情。毫无疑问，支付宝最大限度地帮助消费者解决了付款难题，在提升网购便利性方面居功至伟。

中国人口数量庞大，网购人数与日俱增，支付宝迅速成为全球最大的移动支付公司。面对骄人的业绩，马云并没有安于现状，而是继续致力于技术创新。随后，支付宝开发了 NFC、条码支付、声波支付、二维码支付、蓝牙支付、指纹支付等支付技术，在全球支付企业中具备了强大的竞争优势。

在资金安全方面，支付宝也在不断完善自己，持续提高安全系数，让用户满意和放心。统计数据表明，在支付宝的每九名员工中，就有一名员工从事安全风投，有大约 20%的服务器用于安全防护。支付宝这种大比重的投入，让许多国际金融、支付机构刮目相看。

当然，支付宝在发展过程中也经历了许多风雨，甚至一度遭遇信任危机。2008 年，一些网友利用支付宝进行信用卡“套现”，结果民生银行主动停止了在信用卡业务上与支付宝的合作。支付宝靠得住吗？这个疑问迅速在人群中扩散。处于风口浪尖的支付宝马上采取公关措施，工作人员立即向媒体发表声明——在当前的技术手段和法律法规之下，彻底防范通过“支付宝套现”的行为无法做到；支付宝能做的是观察用户的交易记录，进而猜测用户是否在套现，一旦发现立即封号。

伴随着网络诈骗频繁出现，支付宝一直饱受多方质疑，而阿里巴巴坚决自曝家丑，绝不给不法分子以可乘之机。2011 年，阿里巴巴遭遇最大的一次信任危机，马云为此只好“挥泪斩马谡”，以高管引咎辞职的激烈方式回应公众的质疑。

无论面对怎样的挑战，马云和他带领的团队都没有退缩，始终朝着既定的方向持续努力。对他们来说，鲜花和掌声是鼓励，质疑和责骂是忠告。伴随着手机客户端的快速发展，支付宝也得到了极大的应用，市场占有率持续攀升。

今天，如果你经常在淘宝网上购物，一定知道如何付钱；在商场购物忘记带钱包，或者是钱不够，照样可以把商品带回家；手机欠费了，不必去营业厅麻烦客服人员，打开手机就能轻松处理……快速解决上述问题，通通可以通过支付宝来实现。

此外，支付宝不只是淘宝网和阿里巴巴的支付工具，还涵盖了虚拟游戏、数码通信、商业服务以及机票预订等各种生活主题。在商业实践中，支付宝还为每一个行业制订了个性化的在线支付清算解决方案，受到客户和用户的欢迎。

毫无疑问，支付宝已经变成了人们生活中不可或缺的工具，成为中国新四大发明之一。另外，支付宝已经走出国门，与欧美、日本、澳大利亚等全球多个国家和地区的 300 多家公司达成了合作，为国内消费者海外购物提供了极大的便利。在一次股东大会上，马云说支付宝必须全球化，而且一定要全球化，否则在全球电子商务布局就没有多大意义了。

支付宝的使用者越来越多，马云由此收获了宝贵的资源，也拥有了客户对淘宝网的信任。在此基础上，马云谋划着更长远的计划，足以改变和影响世界。

马云说："我更相信，未来企业家之间的竞争，再也不是谁先掌握政策，谁先有货币，谁有更多的资本。未来企业家之间的竞争，不是文凭的竞争，未来企业家之间的竞争，是信用的竞争，谁信用越好，谁越会成功。"对未来的洞察力与掌控力，马云已经做得足够好。

人无信，无以立，何况是一家公司！马云为支付宝坚守自己的信用，为的是对得起广大用户，也是为了自己的长远发展。信用，对一家企业来说就是一切；没有它，企业就不能存活。因此，无论任何时候都要为自己的信誉而战，否则你在商业世界里将溃不成军。

## 天才构想：电子商务+搜索
## ——做企业需紧盯市场

在中国互联网发展初期，"搜索"是一项极其重要的用户需求，并凭借强大的用户黏贴性一致被各界看好。电子商务活动中，搜索引擎功能同样不可忽视。为此，马云很早就开始布局——并购雅虎中国。

雅虎搜索引擎很早就进入中国市场，却一度陷入发展困境。原来，雅虎总部坚持“赚钱优先”，因此在加大投资这个问题上并不积极。2004年，雅虎中国向总部申请市场费用支援新品牌“一搜”，然而过了半年仍未得到答复。当时，周鸿祎刚刚担任雅虎中国总裁，他果断从3721的预算中拿出400万元人民币，额外拨给一搜当作市场推广费。第二年，雅虎总部对中国区提出了更高的业务指标——做中国搜索第一。没有必需的资金投入，却想成为业内第一，最后周鸿祎无奈地离开了雅虎。

当时一项统计数据表明，中国网民选择搜索引擎的偏好度分别是：62%选择百度，25%选择Google，而仅有5%的中国网民选择雅虎。显然，这一结果让雅虎高层尤其是其创始人杨致远焦虑不安。

很早之前，马云就曾给创始人杨致远发电子邮件，诚挚地表达合作的意向，但是没有收到任何消息。雅虎中国在市场上表现欠佳，而阿里巴巴却迅速发展壮大，这让杨致远意识到与马云合作变得越来越重要。

2005年4月的某一天，杨致远找到了几年前马云发来的电子邮件，并做出了回复：“阿里巴巴和淘宝做得很好，有机会想跟你谈谈互联网的走势。”再次见到马云，眼前这个身材矮小的男人已经今非昔比，杨致远微笑着说：“我们把交易定了吧！”毫不夸张地说，这是一次改变世界的对话。

2005年8月11日，阿里巴巴和雅虎在北京宣布签署合作协议——阿里巴巴不仅收购了雅虎中国全部资产，同时得到了雅虎10亿美元投资，一拍网中的雅虎部分将全部并入阿里巴巴，阿里巴巴还获得了雅虎品牌在中国的无限期使用权。具体来说，阿里巴巴收购的雅虎中国资产包括：雅虎中国的门户网站，雅虎的搜索技术、通信和广告业务，以及3721网络实名服务。

没有人否认，这是震惊世界的中国互联网最大并购案。完成并购之后，阿里巴巴旗下将包括阿里巴巴中国网站、阿里巴巴英文网站、淘宝网、支付宝和搜索引擎“一搜”、在线拍卖网站“一拍”、中文上网服务3721，以及雅虎中国引擎。而雅虎将获得阿里巴巴40%的经济受益权和35%的投票权，由此成为后者最大的战略投资者。

谈到这次战略合作，马云在发表讲话时开门见山地说：“阿里巴巴和雅虎谈了7年的恋爱后，于（2005年8月）11日中国的情人节这一天结婚了。”他反复强调，阿里巴巴始终专注于做电子商务，并且已经拥有了诚信、市场、支付和搜索等四大电子商务基础。显然，马云离自己的梦想又近了一步。

将阿里巴巴与雅虎中国合二为一，这在当时的中国是一个大胆的创作，马云不仅做到了，而且用实践证明这项决策是正确的。双方联姻以后，阿里巴巴的总收入超过了新浪、搜狐、网易三大门户网站中的任何一方，成为中国互联网界名副其实的老大。

并购雅虎，高调进军搜索领域是马云的一步棋。对于这次并购，他有更长远的考虑：“收购雅虎，我们主要是出于战略考虑：第一，我们希望借船出海；雅虎在美国、欧洲的影响力非常大，有可能让我们借船出海。第二，我们希望积累并购经验，我们的支付宝、淘宝都是自己的产品，今后想要在全球发展就一定会有并购，这是一个学习的过程。阿里巴巴在没有上市之前，需要有一次并购的经历，让我们懂得怎么样并购。”

收购雅虎之后，马云将其改造成为一个专业的搜索网站，当时还推出了基于One Search（一页到位）技术的Omni Search搜索服务。用户登录中国雅虎网站，只要输入任意关键词，就可以得到包括网页、图片、音乐、博客在内的全部结果。显然，Omni Search满足了用户的多样化需求，颠覆了传统的商业模式。

马云认为，搜索技术是互联网科技的重要组成部分，它需要一个极其强大的后备团队。对于电子商务来说，搜索引擎是一个工具。阿里巴巴收购雅虎中国搜索引擎，不是为了成为像Google、百度一样的搜索门户，而是为了更好地开拓电子商务事业。事实上，马云早在2005年之前就意识到了搜索引擎技术对互联网公司发展的重要作用。让阿里巴巴成为中国最大的电子商务网站，并快速实现国际化拓展，显然需要当今最先进的搜索技术。

为此，马云选择收购雅虎中国，让不懂网络的人也能使用搜索引擎，更加便利地在网上做生意。彼时，马云的电子商务帝国由三部分组成：阿里巴巴的B2B平台、淘宝网的C2C平台、买卖商家交易的B2C平台。如何让这三种模式有效共存、无缝整合，实现资源相互共享、传递，以及利益最大化，成了阿里巴巴最迫切的任务。

伴随着市场不断拓展、业务不断扩大，马云迫切地感受到——如何从海量的信息中找到最合适的信息成为用户、经营者迫切需要解决的问题。显然，阿里巴巴迫切需要强大的搜索引擎支撑以实现健康、可持续发展。

诺贝尔奖得主赫伯特·西蒙说过："当今时代随着信息的不断发展，庞大复杂的信息已不再像原来那样有价值，信息的这一地位被注意力所取代。"电子商务日益成为人们生活中不可或缺的购物方式，用户带着强烈而目的性需求通过搜索引擎进行电子商务产品比较，然后进行决策，产生购买行为。毫无疑问，搜索引擎成为电子商务活动最核心的基础设施之一。

在马云看来，搜索的最大价值就是找到想要的东西，这也是电子商务的最终目的。收购雅虎以后，阿里巴巴没有效仿Google和百度的模式，而是将搜索与电子商务融合，为用户提供更周到的服务，为用户创造价值。

阿里巴巴成功并购雅虎中国是一次伟大的尝试。借助专业化的搜索技术，马云将电子商务所涉及的各种产品信息、企业信息，以及物流、支付信息全部串联起来，形成一种电子商务信息的标准，让阿里巴巴在电子商务专业化发展的道路上越走越远。

除了并购雅虎中国，阿里巴巴还积极构建自有搜索，推出了自己的搜索产品。与当时流行的“新闻搜索”“竞价排名”服务不同，阿里巴巴利用多年积累起来的300万个企业会员信息，聚焦为网上进行贸易的“网商”提供中间服务。

具体来说，阿里巴巴对搜索结果的先后排名顺序依据企业的“诚信指数”。“诚信指数”，它们都来自阿里巴巴“诚信通”会员和“中国供应商”会员的认证记录和经营活动记录。显然，阿里巴巴进入商业类搜索，是对市场进行细分的结果，目的是建立自己的竞争壁垒，从而具备强大的竞争优势，并获得持续增长的潜力。

在商业世界里，任何一个行业的发展都需要参与者迎难而上，在持续努力中开拓未来。马云对眼前的困难有足够的心理准备，他说：“今天很残酷，明天更残酷，后天很美好，但是绝大部分人是死在明天晚上，只有那些真正的英雄才能见到后天的太阳。”坚持一个目标，专注于自己的脚下，不被外物诱惑，并且确定目标之后就义无反顾地执行下去，无论遇到多大的困难都决不退缩，这就是奋斗不息的马云。

# 第4章

# 自我颠覆：电商寡头下注互联网金融

## 聚划算横空出世

### ——世界上唯一不变的就是“变化”

马云的商业嗅觉向来十分灵敏，电子商务并非他唯一的投资方向。虽然电商之路走得非常坎坷艰辛，可是这并没有打击到他，也没有让他失去继续探索的雄心。所以，这一次，马云的商业视角瞄准了互联网金融，利用淘宝已有的巨大流量，开辟互联网金融的广阔市场天地。

2010年，中国互联网上最火爆的新兴事物非团购莫属，从最早的美团网到“百团大战”，再到“千团大战”，各大团购网站之间明争暗斗，上演一出出价格大战。现如今，我们对网络团购已不再陌生，团购以其便捷、实惠的特点受到了广大消费者的追捧。在电子商务迅速发展的今天，网络团购这种新兴的消费方式也受到了很多企业的关注。团购网的热浪席卷了整个互联网，一时间，知名网站也开始组建自己公司的团购网站。在这样的市场竞争之下，阿里巴巴顺势推出了“聚划算”，一经上市，就吸引了所有人的目光。

马云曾说道，他希望聚划算能够开创中国团购的全新模式，掀起团购网络中的一场革命，摸索出有利于阿里平台快速发展的道路，让淘宝网成为更多创新业务的成长平台。没过多久，马云的预想就变成了事实，阿里把聚划算从淘宝网正式拆分出来，作为单独的业务模块公司化运行和发展，由阎利珉担任总经理，这也就意味着聚划算从此以后开始独立运营。

团购网络构想虽然早已在马云的头脑中盘旋，但是聚划算的突然火爆来自一次偶然。

刚开始的时候，聚划算在淘宝中的地位微乎其微，甚至都不能算是一个部门。2009 年，慧空从阿里软件调入淘宝网，颇有想法的他萌生了做 SNS 购物的想法，而目标客户群就锁定在办公室内的好友圈子里，他们一起从淘宝网上购买商品，分担运费。这便是聚划算的前身——淘江湖。

随着淘江湖在办公室里的兴起，它成功引起了马云的注意，而慧空的这一想法恰好和马云早先做团购的创意不谋而合。马云慧眼独到，预测这将会是一个绝佳的机遇。于是在马云的授意下，慧空和两名员工一起，开始了做团购的最初谋划。慧空决定给自己的部门取名叫“聚便宜”，但这有种便宜没好货的感觉。再三商量之下，敲定“聚划算”为部门的最终名称。在上线后的三个月内，每天更新三种产品，上午十点开始抢购。

但是任何新生事物的出现，一开始都不会是一帆风顺的，聚划算也是如此。刚开始，聚划算的最终访问量只有十几万。与淘宝网每日十几万的访问量相比，几乎可以忽略不计。上线三个月后，聚划算依然业绩平平，慧空很着急，但是马云没有对此失望，而是鼓励慧空团队耐下心来，找准自己的定位。转机很快出现了，一天，聚划算的网页中出现了一辆奔驰轿车的图片，上面醒目地写着“天下第一团”的字样，这是第一次有人在网络上售卖整车。仅仅过了三个半小时，305 辆奔驰轿车全部售光。这在网络上掀起了轩然大波，一时间各大媒体纷纷报道此事，聚划算也借助这次的新闻打拉响了名声，当日的访问量一举攀升到上百万。

随后，聚划算又把目光锁定到了即将落幕的上海世博会上。随着闭幕日期的临近，各个国家的场馆按照规定都要拆除，凭借蒲公英造型获得最高设计金奖的英国馆也不得不面临这样的结果。聚划算团队突发奇想，找到了英国馆的负责人，希望能以团购的方式让 3 万多颗圣殿种子留在中国，并特地让英国领事馆制作了相关证书。随后，团购消息立即上线，不到 10 秒钟，这些圣殿种子便被抢购一空。

2010 年圣诞节，聚划算决定要抓住这一大好时机，再踩一脚油门，在为期一周的时间里团队们一口气推出了 200 多件精选商品，一天的销售额高达 3000 多万元。而这一年年底，聚划算的年销售额已突破 5 亿元，成为淘宝网自成立以来成长最快的业务线。为了表彰聚划算团队所做出的优异成绩，马云为该创业团队颁发了“金旺旺”，一个金黄色的人形奖杯，表彰他们在过去一年里所作出的贡献。

对于聚划算的成功，马云一点都不意外，他早有洞悉。马云说过，聚划算所取得的成功是整个淘宝生态链上的成功。不得不说，他的商业判断是如此准确。中国有 70%的网购用户是淘宝用户，B2B、C2C 以及团购都是不可分割的同一群体，聚划算自诞生之日起，便依托阿里巴巴的电子商务基础设施，这是其他团购网站所无法比拟的。

接下来，马云又开始构思如何开拓本地服务业团购市场。他认为这是驱动社会的力量去做的，而不是自己伸手参与经营地面的事情。聚划算本地服务业团购的第一单来自上海聚杰公司，而随着聚划算规模的逐渐庞大，本地团购从原本杭州、上海、西安、成都四个城市逐渐发展到全国 50 多个城市，而这个数字还在不断地增长。

面对聚划算这块香饽饽，淘宝商家们早已眼红不已。聚划算每天 10 点开团，在这之前会有 2000 多家实物类商家竞争每日仅有的 200 多个团购名单，获得开团概率只有 10%，但排队的商家有数万家。

一位淘宝店家坦言，自己之所以这么青睐聚划算，很大程度上源于它的海量用户群体。“在其他电商渠道中获取单个新用户的成本是 180~230 元，而聚划算只需要 80 元左右。”海量的用户群体及潜在的巨大的消费能力使得聚划算吸引了越来越多的商家，而聚划算上的实惠商品每天也能吸引相当数量的用户。“通过聚划算的团购活动，我们店铺每日的客流有 90%以上来自新客户。”一位店家这样说道。

马云要求对于商家的质量认证一定要严格，必须秉着对消费者负责的态度，不能为了逐利而放任无良商家利用聚划算敛财。于是在聚划算的背后形成了一支 100 多人的小队伍，他们构成了聚划算审核的流水线，内部称之为“选品+过安检”，并制定了相当严格的过关条件，即“商家要认证，宝贝要海选”。商家的认证等级要达到五钻级别，运营时间超过三个月，在淘宝中的评分要达到 4.6 分以上，且半年内没有发生过任何的侵权行为。

面对聚划算的火爆局面，马云提及最多的就是“变化”。他希望聚划算能够随着时间的推移适应当前的变化，调整政策，既要让利给消费者，又不能损害商家的利益，做到两全其美，互利共赢。在聚划算的平台上，商品的出售大多不以盈利为目的，而是为了将好的服务和产品质量呈献给消费者，让好的购物体验为店铺带来更多的后续购买和口碑。

## “天猫”再续淘宝辉煌
## ——新时代要有新想法

今天，无论是在网络上还是在电视广告里，电视剧、电影里，或者是楼宇视频、公交车车身上，都会时常看到一只头大身小、黑红相间的猫咪，没错，它就是天猫的 LOGO。

2012 年 1 月 11 日，淘宝商城举行发布会宣布正式更名为“天猫”。早在“天猫”之前，淘宝网已经做得十分出色，流量在不断增加，运行得也更加顺畅。但是马云高瞻远瞩，认为这并非长久之计，淘宝网必须做出分层，有所针对。于是，淘宝商城独立出来，摇身一变，更名“天猫”。

阿里巴巴集团首席战略官王帅透露，在更名之前，想了无数个名字，可谓是焦头烂额，直到马云打电话给自己问“猫这个名字怎么样”，王帅随即敲定将“天猫”定为淘宝商城的新名字。

“天猫”取自 Tmall 的中文谐音，马云决定悬赏 60 万元向全球征集新的 LOGO 及形象。此次淘宝商城的悄然改名在行业间造成了不小的影响，公众对此次的更名相当的不淡定。各种点评、质疑、言论层出不穷，微博上充斥着调侃戏谑之声。对此，淘宝官方的解释很简单，此次改名绝对不是心血来潮，而是权衡很久之后的决定。

众所周知，亚马逊是一条河，而亚马逊是全球最大的电子商务企业；星巴克不仅仅是咖啡，还代表着最大的咖啡连销巨头和文化；而天猫的定位是什么呢？“它应该是时尚、潮流、品质、性感的代名词和化身。”阿里巴巴集团首席战略官王帅如是说。

马云也表示，天猫未来要成为全球最大的 B2C 平台。将天猫定位于中国的第五大街、香榭丽舍大道，成为全球 B2C 的地标。

天猫是一个更加开放的 B2C 平台，相比 C2C 平台的淘宝网有着更加清晰的商业模式，它由品牌商、渠道商、淘品牌、垂直的 B2C 企业以及各类第三方服务提供商共同组成。天猫目前的管理方式是向商城商家收取固定的“保证金+服务费”，保证金用来解决交易中出现的纠纷赔偿问题，服务费则包括了佣金和技术服务费。天猫的主要收入除了保证金和服务费外，还来自营销广告推广及各项增值服务，而广告收入则是天猫网的主要收入。

根据调查，消费者在淘宝网和天猫上仅服饰鞋包类消费就已达数千亿元人民币，绝对占淘宝和天猫交易总额的大头。而如果我们将视线放至全国来看，就会惊讶地发现，全国超过三分之一的服饰鞋包消费都是在淘宝和天猫上完成的。

随着淘宝网的多年运营，也逐渐暴露出一些很难避免的问题，由于淘宝入住的低门槛，使得淘宝店家的可靠性大打折扣，近几年，淘宝网上时常爆出假货的丑闻，消费者们颇有微词。天猫与淘宝不同的一点是，它吸引的主要是传统大牌店铺，天猫对消费者的吸引力就在于大品牌、服务好、质量好，杜绝假货。这让越来越多的人开始选择在天猫上进行消费。相对于其他 B2C 平台，天猫能够为消费者提供更多的选择和服务，在天猫上购物，消费者总是能够很快选择到自己想要的商品，而又因为在天猫中开设的店铺普遍交了保证金，所以消费者对于假货等问题无须过多担心。天猫也在续写着淘宝往日的辉煌。

对于天猫，马云倾注了很多心血，也有自己独到的见解。他说过："天猫除了对优质品牌的追求外，还需要加强消费者的体验，这是天猫品牌原则中必不可少的一部分，我们一直在通过网络购物倡导一种全新的生活方式和心态。"时尚、潮流和品位是当前消费者的共同心理诉求，而在此之外的消费体验提升则彰显了天猫的责任心，天猫卖的并不仅仅是商品，更是服务、口碑、情感。

虽然有淘宝商城雄厚的客户基础，但是天猫想要扩大市场，也不能止步不前。马云带领团队为天猫的推广努力工作。开展了多次的推广活动，如每年一次的"双 11"大战。"双 11"促销活动不仅收获了惊人的销售业绩，更让天猫商城在全网购行业的狂欢氛围中声名大震。2012 年 3 月，天猫在北京举行年度盛典，盛典中展示全新的网购互动技术，拉近了与网购消费者之间的距离。天猫每一次举办的活动，都收到了预期的效果，但天猫并不止步于此。马云对此表示，品牌的推广活动仅仅是停留在表面而已，天猫品牌的打造除了通过这些宣传活动外，更需要通过向消费者提供优质商品以及完美的购物体验，只有这样才能把品牌打响，塑造过硬的品牌。

今天，电商之间的竞争日趋激烈，国内各大电商纷纷在品牌策略上选择推出自有品牌产品的延伸策略。对此现象，马云认为："天猫目前还没有推出自有品牌的意向，天猫与传统的 B2C 电商购物平台的形态不尽相同。品牌建设一直是天猫的核心建设问题，自成立之日起，天猫就致力于网购平台技术设施建设，协调各种社会分工，整合各个类型的服务商等工作。天猫还没到推出自有品牌的时候，但天猫凭借'天猫原创'这些土生土长的线上品牌，依然能够拥有独特的品牌个性和'人格'。"

电商竞争日趋激烈，如何能在大风大浪中存活下来，还要活得精彩，这不是一件容易的事情。马云早已是见过大风大浪的成功者，他很清楚市场的风云变幻，所以，他很冷静、睿智，在天猫的发展之路上没有冒进，一步一步走得很踏实。

在一次次的电商大战中，天猫始终保持着冷静的个性，知道自己的目标在哪里，不盲从。身处网络电商的“丛林时代”，处于领头羊位置的天猫有着自己独特的生存技巧，马云也曾毫不避讳地分享这些心得：“永远坚持做品牌，永远不去和消费者、商家争逐利益，比如天猫就不会推出自有品牌，或者亲自购进产品，再通过低价卖出来压低商家的生存空间。天猫和商家永远保持着一种互利合作的关系。天猫善于整合资源，当网购市场发展到一定的规模之后，天猫会整合社会各方资源，协调社会化分工。这在当前消费分层复杂的中国消费环境中尤为重要。”

除此之外，马云也表示，天猫尚处在成长阶段，很多地方还需要慢慢提升。第一，保证商品的质量，提高商家的服务水平，营造一个互相信任的良好的消费环境，打造良好的消费体验。在这当中，商家是主体，天猫则扮演着规则制定者的角色。第二，细分消费群体。天猫未来会根据数据统计来分析消费者的个性化需求和喜好，打造千人千面的网购状态。天猫致力于打造出针对消费者的购物偏好，向消费者提供他们感兴趣的内容，让每一位消费者都能获得满意的体验。

新经济时代，电子商务模式大行其道，谁能让把握机会，占得先机，谁就能在诡谲的市场大潮中扬帆航行。天猫发展至今，虽风风火火，但也的确走过了一段艰难的道路，好在领头羊马云没有动摇，这可能和他本人不服输、有韧性的品格有关。只有经历过风雨，才能见到彩虹。

## 再押一宝：余额宝
## ——给沉淀资金增值的通道

聚划算和天猫的成功并未让马云的商业版图停下脚步，阿里巴巴一鼓作气，又下一注，顺势推出余额宝。

余额宝又名增利宝，是由支付宝联合天弘基金共同推出的一项增值业务，是集增值功能和支付功能为一体的货币型基金产品。随着余额宝的成功推出，在电子支付行业引起了广泛热议，该创新业务在支付宝的背景下极大地搅动了市场。阿里巴巴宣称，余额宝 1 元起买，随时可以卖出，甚至可以直接用来网购。

简而言之，余额宝对于用户的吸引力，在于用户通过将资金存入余额宝来实现对特定基金理财产品的购买，在此期间用户可以获得远远高于银行利率的收益。

余额宝和支付宝之间建起了一架桥梁，给支付宝大量的沉淀资金和增值的通道。同时，余额宝并没有增加过多地使用限制，随存随取，在增加资金增值功能的同时依然保留了支付购物的功能。客户随时可以将余额宝内的资金用于购买商品，更可以实现支付宝转账以及银行卡转账等功能，克服了原本支付宝内大量沉淀资金无处使用的缺陷。

与其他理财产品相比较，余额宝有着非常明显的优势——收益高，随时消费支付，仅凭这两个优点，余额宝便吸引了大量用户。截至 2013 年 6 月 30 日，距余额宝推出仅 18 天的时间，余额宝用户数已经达到 251.56 万，累计转入资金规模达到 66.01 亿元。

余额宝的吸引力还在于对用户的限制低，只要是年满 18 周岁的中国公民，持有支付宝实名认证账户，至少拥有 1 元钱，就可以申请成为余额宝用户；之后便可以陆续将支付宝或者储蓄卡中的资金转入余额宝内，且不受金额限制。当用户将资金转入余额宝后，基金公司会在第二个工作日进行份额确认，对已经确认无误的份额便开始计算收益，收益每日计入客户的余额宝总资金内。

这比将钱存在银行、购买基金方便得多，并且能收到比较高的收益，谁会不心动呢？和普通银行储蓄不同，当我们需要用钱时，我们不需要像在银行一样，还要亲自到那里办理取款手续；你在淘宝上的任何一次购物，都可以随时提取余额宝里的金钱，转入、转出都是即时实现，且每日转出金额最高为 100 万元。

这场由马云掀起的“革银行的命”，的的确确在金融界刮起了不小的飓风。余额宝在为人们带来便利、收益的情况下，也面临着各种各样的质疑和指责。“夸大收益”“淡化风险”“欺骗用户”等，各种各样的指责纷至沓来。

尽管有着很多的批评，但依然无法阻挡余额宝的火爆势头。在淘宝和天猫上存在着数量庞大的年轻用户，收入不高，消费欲望强烈，没有存款，不善于理财，乐于尝试新鲜事物。青年“月光族”们亟须被拯救，而余额宝的出现或许可以帮他们一把。当今这个时代，恐怕没有人会拿着几百元几十元去银行存个定期，更没有人会拿着这点钱去买基金，但是有不少人愿意把它存进余额宝里，毕竟门槛低、限制少。让这些零散的资金有一个方便取用的存放空间，还能定时获得一定的收益，又有什么理由拒绝呢？

更重要的是，尽管存入的资金不多，但是每日都会有收益，看着每天都能增加的资金，尽管只增加了几分或者几角，但正如官方宣传的那样，“小钱钱”也能生根发芽。也许正是因为这些不起眼的几元钱，他们能够减少不必要的消费，逐渐培养起理财的习惯。从这个角度来说，余额宝也是一款为低收入群体打造的基金产品。

也有人批评余额宝风险大，用户在余额宝中获得的收益实际上是投资货币基金的收益，这和存在银行中获取的利息大为不同，银行中的存款我们不必担心风险，而放在余额宝中的钱说不上有多高的风险，但并不能说是绝对没有风险的。

马云对于批评声向来不畏惧，有批评是一件好事，证明我们做的事情受人瞩目。有了批评并不可怕，批评的声音可以让我们沉静下来，认真反思自己的问题。马云说，任何事物都不可能没有缺陷，不断改进，才是明智之举。

余额宝是一款推动历史发展的产品，即使它的生命周期会非常的短暂，但只要能起到推动历史的作用，也是非常光荣的。今天，互联网金融大行其道，渗透在传统金融的各个领域之中。保险、信托等过去依赖于银行销售的产品，现如今纷纷转投到网络平台之中，有人称之为金融业务的渠道革命。而基金也不例外，余额宝专门针对网络用户，凭借多种优势，迅速积累了庞大的用户群体。

马云从一开始就知道，余额宝的发展之路不会一帆风顺，因为它冲击的是整个银行金融体系。在国内，金融基本上被五大行垄断，想要在这块市场上分得一杯羹实属不易。但是，既然余额宝能够在市场上出现，并且得到了广大用户的支持，就说明它绝对有过人之处。

不可否认，很多银行也有自己的基金项目，甚至产品设计要优于余额宝，但是很多消费者并不买账，这不得不让人深思。余额宝推出后，建行很快推出了专门的研究报告，报告中这样指出，此次余额宝的出现，对我们商业银行最大的启示是在以后的业务发展中必须做到以客户为中心，加强市场调研，把握客户需求，提升客户满意度。

看来，余额宝进入市场并没有搅乱金融秩序，反而给垄断的金融市场注入了一针兴奋剂，让银行业开始反思自己，找出问题，做出改进。这不失为一件好事。

马云正是看准了金融市场的这一短板，因此才义无反顾地推出了余额宝。他洞察到，随着互联网和电子商务的日渐庞大，银行的发行渠道不再对百姓们具有强大的吸引力。百姓们面临着多元化的选择，而那些更新鲜的、获利更多的方式则会成为他们的最佳选择。对于普通的理财者来说，尽管会存在着一定的风险性，但是相比操作更加简便、获利更多，挑战银行的绝对权威方面更能吸引他们的眼光。

余额宝的横空出世，让很多人大吃一惊，人们对它的议论一直没有停息过。社会上的相关人士纷纷认为，这是继支付宝后又一改变互联网金融的历史性事件。

马云再一次用事实证明了自己的眼光，这位年轻的企业家的确总是能慧眼独到，抓准时机。

## “双 11”变身“剁手节”

## ——生意就是生生不息的创意

马云的商业版图不断扩展，他开始向传统商业模式发起挑战。

2009年11月11日，淘宝网首创“双11”购物狂欢节，将“双11”变成线上线下一同狂欢的全民购物节、“剁手节”，让很多消费者觉得，不管是单身还是非单身，都能在这一天捡到大便宜。

11月11日被民众们戏称为光棍节，这本是网络上衍生出来的颇具戏谑意味的节日，因其有着广泛的影响力，被众多电商不失时机地当作营销的噱头。各大电商跃跃欲试，纷纷想借助这一活动创造销售业绩上的奇迹，花样层出不穷，竭尽全力大肆宣传。

作为“双11”购物节的首创者，阿里用不断刷新的数字见证这场全民狂欢节的发展与演变。2009年11月11日，淘宝网首创的“双11”购物狂欢节当天淘宝网的销售额到达到1亿元，在之后的2010年，销售额达到9.6亿元；2011年，这个数字飙升到52亿，其中天猫占到了33.6亿。2012年，淘宝“双11”购物狂欢节的火爆场面更是超越以往，网购单日记录达到191亿元，其中天猫132亿，淘宝59亿元。2013年，淘宝“双11”销售额达到了惊人的350亿元，其交易额突破1亿元只用了55秒。2014年，天猫“双11”的销售额为571亿元。2015年，截至24时，仅阿里巴巴平台，天猫交易额就达912.17亿元。2016年，天猫“双11”全球狂欢节总交易额超1207亿元。2017年，淘宝“双11”更是以1682亿元完美收官。

2017年，淘宝“双11”的交易额再次刷新了全球纪录，而早在2013年淘宝创造的交易纪录就超越了前几年的销售总额，更是超越了美国电子商务行业的最高纪录。有调查显示，美国最受欢迎的“网络星期一”购物节2011年销售额为12.5亿美元，约为78亿元人民币，而在2012年中秋八天的时间里，北、上、广三大城市544家零售企业的销售总额也只有149.4亿元。2009年，淘宝网上还只有27家店铺参与了此次活动；而到了2013年，全网超万家的店铺同时参与，创造了参与商家及品牌的销售神话。根据淘宝透露的数据显示，当天店铺销量前十名均过亿。在这十大品牌中，原生本土手机品牌小米手机遥遥领先，创造了 5.41 亿元的销售额。

互联网以其惊人的力量，让“双 11”成为名副其实的电子商务的集体狂欢网络，而在这狂欢背后，展现的是中国网民超乎寻常的消费能力，透露出中国这一巨大的消费市场的信号。在这片拥有巨大体量的消费市场中，该如何顺应时代潮流，创造符合人们购物习惯，更贴近消费者需求，能带来更便捷、更惠民的消费体验的商业模式，是马云在购物狂欢的热潮下冷静思索的问题。

马云将“双 11”比作新兴的商业模式，随着不断的发展，必将向传统商业模式发起挑战。如今，“双 11”已经举办了九年，电商的品种在不断地扩充，营销手段也愈加丰富和多样。2009 年，人们在“双 11”购物狂欢中只是买一些生活必需品，服装、食品、化妆品。而在接下来的几年中，人们购物的种类有了更多的选择，冰箱、洗衣机、电视，这些大家电产品也成了人们购物车中的首选商品。

在 2011 年的“双 11”中，更让人意料不到的事情发生了，电商购物历史上第一次出现了房屋买卖，全国共有大小数十家开发商、将近 140 个楼盘开始组团销售。2012 年，手机成为人们最青睐的产品。在智能手机大量普及的今天，越来越多的人开始用智能手机取代电脑，移动电商具有的价格低、无地界优势，使很多人从电脑端转移到移动端。在淘宝公布的数据显示，到 2012 年时，“双 11”手机淘宝成交额就达到 53.5 亿元，是 2013 年的 5.6 倍。移动购物已成为人们的首选，我们似乎可以看到，未来移动端购物将成为又一个硝烟四起的“战场”。

消费者在“双 11”前疯狂填补购物车，为零点抢购“备战”，淘宝、天猫在“双 11”来临之前也开始了紧张的准备，从备货到物流运输，从仓储到服务，全公司上下都绷紧了神经，等待着零点钟声的敲响。“双 11”大战一触即发，天猫总部的大屏幕上实时展现着最新的销售额，55 秒超 1 亿元，6 分零 7 秒超 10 亿元，12 分 22 秒超 20 亿元……每一笔交易数据的背后和交易纪录的刷新，都是一场“战争”规模的扩张，考验着每一个参与“双 11”的商家。

“双 11”一次次创造阿里的历史，也一次次让世界为之惊叹，其实值得惊叹。其实值得惊叹的不只是中国广大消费者的疯狂行为，全球的消费者也亲身经历了这场购物狂欢带来的喜悦，而这一愿景的实现，是马云早已开始的国际化战略布局。在 2014 年的“双 11”购物狂欢中，全球共有 217 个国家和地区被“双 11”的参与者点亮。这一个从来不网购的男人，却让全球的人都参与到了这次的网购活动中。

除了实现国际化，平台化和无线化也是阿里巴巴最为重视的，这也对应着阿里巴巴在国际、农村、线下三大市场的整体布局策略。随着这几年网购的逐渐普及，人们上网购物不再是冲动行为，而是逐渐转变成了一种日常习惯。但是随着时间的推移，网上的消费增长也不可能没有瓶颈，而何时会到达这个瓶颈，考验着马云及其团队的智慧。

在互联网时代，每一场消费变革对身处其中的商业竞争者来说，都是一场关于未来的战争。“变”是应对瞬息万变的商业世界，每一位成功企业家所具备的眼光和超越思维。早在 2012 年年初，阿里巴巴等相关企业就开始数据分析作为公司的重点业务。每一笔交易都会产生数据，而这些宝贵的数据将是未来电商的财富和发展潜力。阿里利用这些数据为消费者服务，分析出每位消费者的购物喜好和习惯，就能根据这些信息向消费者推荐最合适的产品。

在对未来的构想中，马云曾谈道，希望能够运用大数据来解决一些社会问题，比如环境污染、粮食短缺。他曾经不止一次地在公开场合谈道，阿里是一家科技主导的企业，每年在科技上的投入不亚于任何一家公司。

在马云看来，电商之间的竞争应该是一场良性的低价竞争，他应该逐渐常态化。“双 11”巨额销售的背后表现的是未来电商的走势，在一次次的销售奇迹下，传统消费方式的地位正在被网购不断地冲击，并发起有力的挑战，而网购这种新型的消费方式也在彰显着惊人的潜力，孕育着无限的未来。很多知名品牌除了在线下开设连锁店、实体店外，也瞄准了线上销售这块利润丰厚的大蛋糕，选择在“双 11”这一天提供大量产品，储备物资，让消费者有更多的选择。而在整个电商行业内部，“双 11”是他们重塑行业格局的宝贵机会。

站在“双 11”背后的马云，所要思考的不仅仅是如何继续把“双 11”做大做强，2017 年马云在接受采访时表示，“阿里‘双 11’不赚钱，就想给你们带来快乐……”这是一贯的超前和果断来为阿里巴巴许下一个个星辰大海的马云想要实现的愿景。这一天的实现，也许不用太快，但也不会太远，因为马云从未放弃，一直在努力。

## 又一杰作：阿里妈妈

### ——做创新者而不做追逐者

马云，这个在网络世界中大展身手的人，不断地扩展自己的阿里家族，从最初的淘宝网到天猫、支付宝，这一次他又有新动作了。

中国目前约有150多万个网站，其中绝大多数都是一些中小网站，构成了互联网一条长长的尾巴。在众多企业都把广告投放在一些知名门户网站的时候，这些被人遗忘的小网站却鲜有人问津。在这种情况下，马云又出一杰作，推出了网络广告交易平台阿里妈妈，为中小网站与广告主们提供一种新型的商业推广模式。

这是继阿里妈妈和淘宝合并四年后，阿里妈妈作为独立品牌，再一次出现在人们的视野中。和原来一样，阿里妈妈依然隶属于一淘事业群，但它所涉足的领域扩张到了整个互联网广告业务中。马云表示，阿里妈妈目前最核心的目标就是建立一个全国最精准、最实效的全网营销平台。

在阐释阿里妈妈诞生的缘由时，马云曾这样讲道："当初淘宝刚诞生的时候，在主流媒体上打广告异常艰难，后来就是凭借着在中小网站上中打广告而稍有起色。也正是从那个时候起，阿里巴巴开始注意到中小网站的力量。"因为当年的经历，马云似乎对中小网站有着特殊的情怀。"互联网中需要各种力量的存在，如果只是被大网站们垄断，这就失去了互联网的精神。我们要致力于打造互联网良性的生态链和生态环境，需要让各种各样的网站都能蓬勃发展。"

随着互联网的飞速发展，淘宝网和阿里巴巴上的商户们也在不断地成长，它们也渐渐有了对品牌进行宣传推广的需求。阿里妈妈此时的出现可谓是解决了它们的燃眉之急。作为发展的第一步，阿里妈妈首先要做的就是将这些中小网站的资源收拢到自己的旗下，尽管这些小网站很不起眼，但是也绝不能忽视它们存在的价值。阿里妈妈将这些小流量汇聚成大流量，然后再转卖给广告主。

马云并不是第一个看到这种需求的人而去做的，但马云是第一个成功的人。早在阿里妈妈之前，国内便有不少网站依靠广告联盟来赚取收入，但大多由于种种问题而饱受质疑，最终被淘汰出局。阿里妈妈上线后，在很短的时间里便已汇集了超过 20 万家中小网站和超过 15 万个个人博客起点，注册会员数达到 100 万，日点击量超过 10 亿个，一举成为中国最大的网络广告交易平台。

“阿里妈妈的定位就是帮助中国中小企业发展成长起来，共同发展成大企业。”马云这样阐述道。

马云曾表示，做任何事情，花任何代价都在所不惜。阿里妈妈在马云的决心下奋起直追，力争要做出一番成绩。在推广初期，阿里妈妈实行免费政策，让客户充分体验到这一网络广告模式的好处。

放低门槛，迎进更多的中小企业是阿里妈妈的初衷。网络是开放的，如果自视甚高，那就是自寻死路。根据阿里妈妈的调查显示，有近 70%的中小网站几乎赚不到钱，因此，阿里妈妈决定对 C2C 交易实行免费政策，还推出了网站三包计划。这既保证了网站站长获得稳定的广告收入，又依靠雅虎的反作弊技术杜绝恶意刷屏，为企业主提供完善的后台评价与监管。传统的网络广告都是按照实际点击来付费的，这当中会存在不少虚假、恶意点击，为了防范这种欺诈风险，阿里妈妈大胆地在国内率先推出计时收费的广告售卖模式，帮助企业精准地寻找到目标客户群，达到有效宣传的目的。

凭借自己庞大的业务模式，阿里妈妈在未来能够给予客户更多的服务，譬如信用评定、网站价值评估、提供往日交易数据等。

谈及阿里妈妈的未来发展方向，马云说过，阿里妈妈未来的业务将分成三大块、一个是以“淘宝客”按成交计费业务为主体的淘宝联盟，一个是以“橱窗”展示为广告位主题体 TANX 平台，以及移动广告联盟业务。阿里妈妈将为客户商提供免费的展位，为广告主提供一系列的服务，包括从广告投放到数据监测、效果评估等，阿里妈妈从每笔广告交易中收取 8%的佣金。

马云这样说过自己的想法：“在今天的市场中，所有的广告主们，不管是企业家还是个体经营的小商户，或者是自由职业者，只要拥有一家规模不大的网店，都能轻松地找到几个甚至多个合适的广告位。而我们今天的阿里妈妈就准备搭建一个公平、自由的交易平台。只要你拥有独立的区域地址，就可以在阿里妈妈上成为买家或卖家。”

虽然阿里妈妈现在的发展势头很好，但是马云自己心里深知，每一个成功的背后都有无数员工辛苦的汗水，任何一样新事物的发展都必然是曲折前进。虚心使人进步，骄傲使人落后，被暂时的胜利冲昏了头脑，只能是功亏一篑。

马云也坦言，尽管目前阿里妈妈的发展态势很好，但是阿里妈妈也在一步一步摸着石头过河。当前市场的空白还有很多，市场潜力非常巨大，最终的成功要凭借我们的不断努力和之前积累下来的经验。目前，企业交的 8%的交易费是我们唯一的盈利，我们所付出的成本依然很巨大，比如服务器的维护、宽带的支出及运营的投入，想要留住广告主们，就要用专业的服务来增强自己的竞争力。在广告内容的审核及处理造假流量的问题上，还需要投入大量的人力、物力。当前阿里妈妈还在逐步发展，这是一条长期的、多赢的道路，阿里妈妈将联合广告主、网站主和未来的大批客户一道，共同努力。

有人说，阿里巴巴就像是一只巨大的章鱼，能将触手伸到不同层次的地方，把握住客户的多种需求。而对于阿里妈妈的推出，说市场需求也罢，社会责任感也罢，无论是批评还是赞扬，都不能阻挡马云的一步步行动。而中国网络广告市场，也因阿里妈妈的诞生得到了整体的巨大提升。

## 网商银行：阿里下的金蛋
### ——伟大目标带来伟大变革

如果说余额宝还只是马云进军银行金融业的一次试水，那么网商银行的诞生，则是阿里巴巴正式进军银行业的标志。这意味着马云领导的阿里集团吹起了进攻银行业的号角。

马云说过，他早在 1992 年就有创办银行的想法。“我那时候创办一家小企业‘海博翻译社’，为借 3 万元钱，我花三个月时间，把家里所有的发票凑起来抵押，还是没有借到，那时候想，如果有一家银行能够专门做这样的事情，我觉得能够帮助很多人成功。”

在马云看来，中国不缺银行，世界也不缺银行，但中国和世界都缺创新型、为小企业服务的银行。网商银行在申请牌照的时候，就提出主攻贷款不超过 500 万元，专注小企业。在阿里小微贷刚成立时，他还向同事放狠话，谁贷款超过 20 万元人民币出去，就把谁开除。

2014 年 9 月 29 日，中国银监会下发通知，同意在浙江省杭州市筹建浙江网商银行。浙江网商银行是浙江蚂蚁小微金融服务集团、上海复星工业技术发展有限公司、万向三农集团有限公司、宁波市金润资产经营有限公司共同开发经营的。网商银行是马云在“退休”后的又一力作。在支付宝和余额宝的基础上，马云终于拉着他的小伙伴们向“银行”下手了。

没有网点和柜台，仅仅300人的团队，这家“小银行”的开业却备受关注。一方面是豪华的股东团队，除了阿里系的蚂蚁金服作为大股东外，复兴集团的郭广昌、银泰系沈国军、巨人史玉柱 [微博] 等其他五家股东，也都是网商银行站台人，其中史玉柱此前在民生银行的投资，更是让金融界侧目。但另一方面，迥异于传统的数据资产管理，也成为网商银行最值得期待的亮点。

自筹备以来，网商银行主打的是技术和数据、信用驱动，而不是庞大的线下资源，更为重要的是定位服务对象是小微企业。由于对云计算和大数据等互联网技术的强调，网商银行一再宣称自己是首家运行在“云上的银行”，并表示未来还会向第三方进行输出。

值得注意的是，近年来马云布局的金融业务，从支付宝 [微博] 钱包、余额宝 [微博] 乃至网商银行成立，曾引发颠覆传统的热议，一度摩擦不断，不过在网商银行的成立仪式上，马云似乎有意为这种紧张气氛减压。

这次马云是要打造一个全流程网络经营模式的银行。“网商”这个名称是有一些特殊含义的，“我们申报的银行名称叫作网商银行，即互联网商业银行，我们期望能用互联网的技术、互联网的理念，尤其是互联网的信用，去提供适合小微企业和草根消费者的金融服务”，浙江蚂蚁小微金融服务集团人士说。

在网商银行的筹备阶段，蚂蚁小微金融服务集团副总裁俞胜法说过，“希望该民营银行做全流程网络经营模式，无商业网点。由此，很多具体流程跟现有银行不一样，需要突破的地方很多，在筹备期间将跟监管层积极沟通”。网商银行的特色是什么呢？简言之，网商银行是以互联网为主要手段和工具，进行全网络化运营，提供网络特色，适合网络操作，结构相对简单的金融服务和产品。

马云表示，目前技术还在进一步发展之中，“网商银行也不是终极形态，才刚刚开始”。在现行金融体系里，还有很多不合理政策和指标，比如现场开户等，还没有被解决，需要互联网银行进一步探索。

“如果监管上没有太大障碍，下一个 10 年，网商银行有可能成为一个大银行。”互联网金融千人会秘书长易欢欢认为，整个阿里体系有几亿全用户，可以实现从消费用户向信贷用户的转变，在企业用户上，1000 万目标规模，如果未来涉及贷款、存款、融资、支付等，其影响力不容小觑，而且“有些小企业也会变成大企业”。

不得不说，网上银行是马云向五大国有商业银行的正面宣战.尽管马云在公开场合一再表示“我们（支付宝）只是替银行做好他们应该做好的事情”，但之后凭余额宝给了国有商业银行迎头痛击。而在阿里巴巴以超过 2000 亿美元的市值顺利登陆纽交所之后，马云在接受外媒采访时抛出的“中国的五大银行团结起来想要扼杀我们”的言论更是将自己彻底与五大行对立了起来。从这个方面看，网商银行对于整个阿里巴巴而言只能成功不能失败。

如果从支付宝开始算起，阿里巴巴已经在金融领域浸泡了 12 年，其产品线非常的丰富，而大数据分析、风控能力和电商平台支持方面的能力是其他互联网公司难以比拟的。

马云创办网商银行，遇到了许多阻碍，互联网企业进军金融业绝非易事，特别是在五大行基本垄断市场的前提下。阿里巴巴作为一家私营企业，如何建立起来，如何生存下去，马云为此也是伤透了脑筋。好在，这条路虽难，但始终在前进。

2014 年 12 月 12 日，中国银监会宣布，批准深圳前海微众银行开业。虽然微众银行是由腾讯公司筹建的网络银行，但是这意味着，完全由民营企业发起设立的民营银行即将正式问世。在中国金融史上，这是值得纪念的一刻。

马云此刻也在思忖着，“微众银行开业了，我的网上银行什么时候能够开业呢?”

2015 年 1 月 27 日，蚂蚁金服副总裁俞胜法在推出中国首个女性互联网金融服务的项目发布会上表示，他正在负责网商银行的筹建工作，预计在 3 月向监管部门提交报告材料，在报告材料通过之后争取在 5~6 月开始营业。“筹建工作的工作量很大，内容也很多，我们还是希望按照节奏，把筹建工作做好。”俞胜法说。

当年，马云在美国西雅图见识到互联网之后，回国创办了第一家互联网公司。现在，互联网已经跟我们的生活紧密相连，这里面有马云的不懈努力，是他把互联网推销给了全中国人，让互联网深入我们生活的方方面面。今天，网商银行的成立是否将改变传统金融业的格局，这是否又意味着一次伟大的变革，马云踌躇满志。

# 第5章
# 人生攻守道：成功没有完成时，只有进行时

## “退休”是另一番起航
## ——及时完成人生角色转换

“从明天开始，我将有我自己的生活，我是幸运的，在我48岁的时候，就可以离开我的工作，48岁之前工作是我的生活，明天开始，生活将是我的工作。”这是2013年5月10日，马云在杭州黄龙体育中心发表卸任演讲时所说的话。

其实早在2013年1月，马云就通过内部邮件称，将于2013年5月10日，不再担任阿里巴巴集团CEO一职。3月11日，马云宣布卸任阿里巴巴集团CEO，由陆兆禧接替，出任集团CEO。马云虽然不再担任阿里集团CEO，但依然出任阿里集团董事会主席一职。虽不参与具体业务，但依旧把控阿里巴巴集团发展的大方向。

5月10日晚，淘宝举行十周年庆典，马云正式卸任集团CEO一职并发表演讲。在卸任演讲中，马云说道：“从明天开始，商业就是我的票友，我为自己从商14年深感骄傲！”“看到你们，看到

中国的年轻人，我不希望有一天我们这些人再来一个致我们逝去的中年。这世界谁也没把握你能红五年，谁也没有可能说你会不败，你会不老，你会不糊涂。解决你不败、不老、不糊涂的唯一办法，相信年轻人！因为相信他们，就是相信未来。所以我将不会再回到阿里巴巴做 CEO。要我回，我也不会回来，因为回来也没有用，你们会做得更好!”

对于未来，马云在演说中介绍，未来将从事教育、环保等事业。他说，今后将做自己喜欢、感兴趣的事情，将完善中国的环境，让水清澈，让天空湛蓝，让粮食安全。

事实上，在卸任演说第二天，马云就正式出任大自然保护协会中国主席。该协会是最主要的自然保护国际组织之一，成立于 1951 年，总部设在美国弗吉尼亚州的阿灵顿市，经过近 60 年的不懈努力，协会已跻身美国十大慈善机构行列，位居全球生态环境保护非营利民间组织前茅。大自然保护协会的宗旨是保护重要的陆地和水域，使具有全球生物多样性代表意义的动物、植物和自然群落得以永续生存繁衍。

出任大自然保护协会中国主席是在马云卸任集团 CEO 之前就已决定的事情，除此之外，马云在他卸任之后还做了三件大事：第一件事是组件菜鸟物流，第二件事是阿里巴巴在纽交所上市，第三件事是做慈善和演讲。

2013 年 5 月 28 日，在卸任集团 CEO 18 天之后，马云开始了他的再次“创业”。阿里巴巴联合银泰集团、复星集团、富春集团和顺丰集团、中通、圆通、韵达等多家民营快递企业，在深圳成立了菜鸟网络科技有限公司，同时，马云还启动了中国智能骨干网（简称 CSN）的项目建设。马云再次扬帆起航，出任菜鸟网络科技的董事长。马云介绍，菜鸟物流不做自建物流，而是为电子商务、物流公司、仓储企业搭建一个网络平台，为各方提供服务。

马云还承诺，阿里巴巴不会抢快递公司的生意，他们不会做快递，因为他们没有这个能力（应该是自谦的说辞）。马云认为，中国有很多优秀的快递公司，它们的快递做得非常好，比阿里巴巴做得好。

当然，马云涉足物流行业，并非无的放矢，而是对京东商城、苏宁易购和当当网等拥有自由物流的 B2C 商城的一次反击，也是为阿里巴巴集团的后续发展铺路。

2014 年 9 月 19 日，阿里巴巴在美国纽交所正式挂牌交易，发行价为 68 美元，19 日的开盘价为 92.7 美元（折合 569 元人民币/股），较发行价大涨 36.32%，开盘后市值为 2383.32 美元，股价飙升，使得阿里巴巴的市值超越脸谱、亚马逊、腾讯和 eBay，成为仅次于谷歌的全球第二大互联网公司，也是全球最大的电商企业。马云的身价也达到了 200 亿美元，超越王健林和马化腾，成为中国新首富。

作为全球最大的电商企业，阿里巴巴一年的交易额甚至超过了一些国家的 GDP。在 2013 年，阿里集团的电子商务交易总规模为 1.542 万亿元人民币，相当于 2480 亿美元，几乎和芬兰一年的经济总量持平。

阿里巴巴在纽交所上市的时候，发生了一件有趣的事情，和其他上市企业不同，阿里巴巴的上市敲钟并不是由马云等阿里集团的高层完成的，而是由奥运冠军劳丽诗领衔的八位阿里客户为阿里巴巴集团敲响了上市钟。阿里的上市不仅为自己带来了前所未有的发展良机，也为那些忠实的、活跃的卖家创造了更好的平台。

对于慈善，马云一直都很热衷。马云在创业时就和太太立了规划，在 50 岁之前赚钱，50 岁之后做公益。在知天命之后来临之际，马云卸任了阿里集团的CEO，把更多的时间投入了慈善。

马云的身上有很强的“武侠”情节，所谓“侠之大者，为国为民”。在阿里巴巴上市的时候，马云也一直强调，阿里巴巴对社会的贡献会一直持续下去。

2013年9月25日，马云加入了美国生命科学突破奖基金会，出任该基金会理事。该组织成立于2013年2月20日，专门设立了一个名为生命科学突破奖的奖项，旨在鼓励那些从事对抗癌症、艾滋病、帕金森等疾病研究的科学家。在马云之前，这个协会有三位捐助者，都是硅谷IT界的领军人物。马云是这家协会的第四位捐助者。相对于那三位IT界的经济巨头，马云在领导力和资源整合方面更有优势，他的加入使得协会的资金得到了最大限度的利用。

2017年6月9日，浙江大学在杭州对外宣布，浙江马云公益基金会、阿里巴巴17位创始人及合伙人、阿里巴巴（中国）有限公司向浙江大学教育基金会捐赠5.6亿元人民币，用于支持设立“浙江大学医学院附属第一医院发展基金”。

据了解，其中浙江马云公益基金会捐赠3亿元，阿里巴巴（中国）有限公司捐赠1亿元，阿里巴巴17位创始人及合伙人捐赠1.1亿元，云锋基金捐赠5000万元。

在欧美国家，医院依靠捐资改善医疗服务的基础设施建设、设备购置、研究培训等，很多改变人类健康的重大科研发现正是得到这些捐助才得以完成。但在国内，公共卫生领域还很少见到个人或机构捐助。马云等人和机构这次联手大手笔捐赠浙大一院，开创了国内社会捐助公共医疗机构的先河。

2015年9月16日，马云公益基金会在北京启动“马云乡村教师计划暨首届马云乡村教师奖”。从2015年开始，马云公益基金会每年拿出1000万元人民币奖金，向当年入选的100名乡村教师提供资助和持续三年的专业发展支持。

另外，为了支持环保、教育、健康，几年来马云无数次在全球各地奔走演讲。其实早在 2015 年 4 月，马云就已经获得第 12 届“中国首善”称号，当时的捐赠额达 124 亿元。

“十年前，中国每年的慈善捐款不足百亿，而现在马云一人的捐助额就达到了百亿级别，他的善举是划时代的。”曾经有位中国慈善专家对马云出了高度评价。

## 做物流，“菜鸟”不容小觑

### ——永远保持学习的心态

马云的才华在阿里巴巴、淘宝、天猫、支付宝等方面展现得淋漓尽致，不过在马云的心中还有一个“物流梦”。

阿里的电子商务无疑是成功的，但是与快递公司的合作经常出现各种问题，显得不尽如人意，如果能有一家自己的快递公司，对阿里的发展无疑是锦上添花。但是马云也明白，直接办快递公司并不是最佳方案，而且快递公司大同小异，自己的快递公司也不会有什么突出的特色。因此，花费大量的人力、物力、财力来打造一个没有特色的快递公司，无疑是在浪费资源，而且马云承认自己并不擅长快递行业。

然而，对于电子商务三大要素——信息流、资金流、物流，马云的淘宝和支付宝已经解决了信息流和资金流问题，物流就成了他的新挑战。

早在 2010 年，淘宝就提出了大物流计划，并推出了物流调配信息平台“物流宝”，将第三方快递、仓储信息纳入物流宝，物流宝可以向淘宝卖家提供入库、发货、上门揽件等服务。这一平台的上线，初步实现了降低成本和提高效率的目的，也为阿里开启“大物流”计划打下了基础。

在阿里内部，物流宝的代号是“天网”，中国智能骨干网的代号是“地网”。“天网”+“地网”寓意着阿里可以在天地间自由游走。

菜鸟网络科技有限公司成立的时候，“牵头人”阿里集团公布了公司的产业定位和发展战略，目标直指“游遍全中国、到达全世界”的广覆盖、智能化、平台化的超级物流航母。这就是马云一直以来希望建立的一个现代的物流体系，一个在中国任何一个地方都可以运行的，不论是偏远的山村还是繁华的都市，都可以实现 24 小时送货上门的物流体系。

马云一直以来都是一个冒险家，而且是一个天马行空的冒险家，在确定了新的梦想之后，马云就开始为自己的新梦想开辟新的天地。马云曾说过：“每个人都是别人挖的坟墓，但是如果学会给自己挖坟墓，那才是了不起。”这就是马云的魄力。

事实上，在电子商务日益发达的今天，中国的物流行业确实成为制约电商发展的短板。有数据统计显示，在对电商的投诉中，物流的投诉越来越多，成为电商投诉最多的部分。国家每年投在物流建设上的资金有几十万亿级，但是效益并不明显。马云认为，现阶段必须提升物流行业的活力，帮助所有的货物实现货达天下、货运天下。

在这种情形下，菜鸟物流横空出世。之所以会取名为菜鸟，是因为他们就是菜鸟出身，当初做互联网的时候，很多人不看好马云，笑他是一个菜鸟。但是正是这个“菜鸟”带领着一批人创建了阿里巴巴、淘宝、支付宝、天猫等。马云在解释这个名字的时候说：“我们取这个名字是为了不断提醒我们要对社会有敬畏之心，对未来有敬畏之心，我们希望自己成为一只勤奋、努力、不断学习、对未来有敬畏、对昨天有感恩的鸟。”这个名字也带有以柔克刚的意味，也表示菜鸟物流会永远保持着“菜鸟版”的学习心态。

一直以来，一些物流公司担心马云会涉足物流行业，这将对它们形成巨大的威胁，但是在菜鸟物流创立之后，马云明确表示：菜鸟不做自建物流。其核心目标是为电子商务企业、物流公司、仓储企业、第三方物流服务商等给予企业提供服务平台，而不是自建物流或者成立物流公司。菜鸟物流的这一理念，和淘宝公司本身不卖一件商品可谓异曲同工。

“菜鸟”入市，对传统物流业、快递业来说是一个颠覆，给了许多物流企业、快递公司压力，马云则直接宽慰它们：“我们不会和快递公司抢生意，阿里巴巴永远不会做快递，因为我们没这个能力，而且我们相信，中国有很多快递公司做快递可以比我们做得更好。”

正如菜鸟 CEO 沈国军所说，CSN 是运用物联网、云计算、网络金融等新技术，为各类电商企业提供开放的服务平台。

在马云的物流梦里，物流从来不仅仅是把快递送到客户手中，马云曾在一个非正式的场合这么说过：“我们今天要想明白，快递只是把物流最后一公里解决掉，如何解决物流配送过程中的仓储配送？整个物流基础设施在中国是很差的，中国智能骨干网建立的不仅仅是一套电子商务的基础设施，我们在建设一个中国商业的基础设施。通过数据、仓储、配送，让国家投资的高铁、公路、水运基础设施被利用起来，让商业运转越来越快。”

其实做电商的人都明白，物流是电商的瓶颈，而且已经叫嚣了很多年，但是瓶颈依然是瓶颈，并没有被解决掉。归根结底，是因为没有找到解决瓶颈的方法。互联网经济，尤其是电子商务，中国和发达国家的差距并不明显，而且在中国，电子商务已然将成为经济发展的重要动力。

从历年来的中国网络零售在社会消费品零售总额中的占比来看，这一比例是逐年升高的。与美国相比，中国的网络零售虽然起步晚，但是发展较快。2013 年，中国网络零售以 1.9 万亿元的总规模超过美国，并持续保持高增长；2016 年，中国的网络零售市场交易规模达到了 4.7 万亿元，大大领先于美国的 2.6 万亿元。可以说，中国巨大的人口和网民基数给本身的网络购物市场带来了可观的增长空间。

但是物流开始掣肘电商的发展。此次，马云斥巨资打造菜鸟物流，旨在激活中国几十万亿的基础设施，让高铁、高速公路、机场、码头这些基础设施被充分利用，把利益最大化；更直接的目的则是解决物流问题：不是如何把快递送到消费者手里，而是如何让运送包裹的人，更好、更快地完成这一过程。

菜鸟物流是马云联合众多民营企业为这个社会、这个时代做的一份贡献。虽然有可能失败，但是马云并不怕失败，因为为梦想而失败并不可耻。没有谁能保证自己一定能够成功，可即便失败，也是一次宝贵的尝试，作为民营企业为国家基础设施建设出力，对他、对企业都具有不一样的意义。所以说，菜鸟物流，不容小觑。

# 美国上市，马云问鼎中国首富

## ——关注企业生态中的普通人

在美国上市之前，阿里巴巴 B2B 业务曾于 2007 年在中国香港上市。当时选择在香港上市是因为阿里巴巴可以在香港获得更好的资本市场估值，而在上市之初，阿里巴巴确实受到了资本市场的青睐。

2007 年 11 月 6 日，阿里巴巴正式在香港联合交易所挂牌上市，股票代码为“1688 HK”。阿里巴巴上市开盘价 30 港元，较发行价提高 122%；融资 116 亿港元，创下中国互联网公司融资规模之最。

可以说，阿里巴巴的这次上市就已经引起了全球的关注，金融市场因为阿里巴巴的上市也掀起了波澜。资料显示，雅虎和软银两家公司控制的阿里巴巴股份超过了 70%，雅虎通过阿里巴巴上市直接获利 36 亿美元。

但是，让香港人大跌眼镜的是，2012 年 2 月，阿里巴巴集团正式向其子公司 B2B 董事会提出私有化邀约，并于 6 月 20 日下午从香港联交所撤销上市地位。这个事件也将马云和阿里推上了负面舆论的顶峰，阿里以每股 13.5 港元的价格回购其余股东的所有股份并予以注销。这次退市让美国雅虎和日本软银的收益最大化得到保障，却直接伤害了中国香港众多小股民的利益。

其实马云从香港退市也是无奈之举，一方面，阿里巴巴在香港上市之后，开局确实取得了不俗的成绩，但是没过多久，其股价开始一路下滑，到了2008年10月，其股价一度跌到3.605港元。马云的百亿美元市值梦破碎。看着公司股价下跌、市值下降，马云决心将阿里巴巴流通在外的小股份买回来，即进行私有化和退市。另外，由于马云持股仅有7%，加上他的整个管理团队所持股份也不过10.4%，而美国雅虎和日本软银则分别持有阿里24%和36.7%的股份，而中国香港股市不允许有双重股权结构，一旦马云选择了赴港上市，就意味着马云丧失了对阿里巴巴的控制权。

为了重新夺回对阿里巴巴的绝对控制权，因为只有重新拿回控制权，马云才能真正放开手脚大干一场，所以，马云也不得不考虑从中国香港退市。

当然，阿里巴巴最终还是需要上市，而美国就成了马云的首选。这是因为美国允许双重股权结构，马云就可以继续保持对阿里巴巴的控制权；而且马云一直致力于打造世界性质的一流企业，美国这个资本大市场一直以来都是马云的向往，所以美国之行势在必行。

2014年3月16日，阿里巴巴宣布启动上市事宜，上市地点选在了美国。

5月6日，阿里巴巴向美国纽约证券交易委员会递交了IPO（首次公开募股）申请，确定了阿里巴巴的承销商为瑞士信贷银行、德意志银行、高盛、摩根大通、摩根士丹利和花旗集团。

6月16日，阿里巴巴公布了27名合伙人名单及任职情况，同时也公布了未来上市公司的九名董事会成员名单，以及最新财务数据。

6月26日，阿里巴巴决定申请在美国纽约证券交易所挂牌上市，股票交易代码为“BABA”。

9月5日，阿里巴巴预估其IPO发行价为60~66美元，赋予上市承销商最多4802万股美国存托股的超额认购权。

9月15日，由于阿里巴巴受到美国资本市场的追捧，遂将IPO发行价预估区间提升到66~68美元，并将发售3.2亿股美国存托股票。

9月18日，阿里巴巴将IPO发行价正式定位68美元，融资额为218亿美元，超越维萨卡公司，成为美国最大的IPO。

9月19日，阿里巴巴正式在美国纽约证券交易所挂牌交易，开盘价92.7美元，与发行价相比，大涨36.32%。开盘后市值达2383.32亿美元，阿里巴巴一举超越Facebook、亚马逊、腾讯和eBay，成为仅次于谷歌的全球第二大互联网公司及全球最大的电商企业，成为仅次于苹果、谷歌和微软的全球第四大高科技公司。

阿里巴巴上市开募集资金217.6亿美元，由于此后承销商行使了超额配售权，融资额达到了250亿美元，成为有史以来最大的IPO。此前中国的纪录保持者是中国农业银行，其2010年在沪港两地上市时融资额度为221亿美元；美国的纪录保持者是维萨卡公司，也是在2010年上市，融资额度为197亿美元。互联网公司的最高纪录保持者是Facebook，其在2012年上市时创造了160亿美元的融资额度，但是这些纪录都被马云的阿里巴巴打破了。

毫无疑问，阿里的完美上市也把马云推上了中国首富的席位，同时将孙正义再次推上日本首富的宝座。另外，还造就了近万个百万富翁，其中，30个合伙人分享210亿美元，1.1万名有期权的员工将共享200亿美元，平均每人182万美元。如此规模的创富故事，在硅谷也是少之又少。另外，阿里巴巴的融资不但刷新了历史，而且软银集团的孙正义以数千万美元的投资获得了超过600亿美元的回报，雅虎也以10亿美元的投资获得了500亿美元的回报，这些风险投资的回报达到的高度也让硅谷望尘莫及。

阿里巴巴上市创造的财富神话，在2014年炒得沸沸扬扬，让人赞叹不已，而这一切与马云个人非凡的创业精神不可分。每一个企业家都有自己的特色，马云也不例外，和国内、国外众多企业家相比，马云确实有其独到之处，对此通过一个小细节可以有深切的体会。

企业上市第一天的敲钟对很多企业家来说是非常神圣的时刻。但是，这次阿里让大家一个意外。包括马云在内的阿里高层都没有参与纽交所上市的敲钟仪式，代替他们的是阿里的八位客户。这八位客户分别是来自美国的农场主皮特·维尔布鲁格，他农场中的车厘子通过天猫网卖到了远在地球另一端的中国，还有淘女郎何宁宁、卖家劳丽诗、铁粉乔丽、农民网商王志强、电商服务商王淑娟、快递员窦立国以及云客服黄碧姬。

这八位客户之前接到了参加阿里挂牌仪式的邀请，但并不知道自己会参与敲钟仪式，直到前一天才知道由他们来敲钟。在现场同行人士表示，这是他见过的最特别的仪式，一家公司把上市最重要的时刻献给了企业生态中的普通人。

曾经亲自敲过钟的周鸿祎也很叹服，认为马云确实非同凡响。阿里巴巴的上市将为它带来更大的发展契机，也会进一步扩大在世界范围内的影响。可以说，阿里巴巴集团的上市无疑是一件意义非凡、注定被载入互联网史册的大事件。

# 创办阿里达摩院

## ——用科技的力量改变世界

2017年10月11日，在阿里云栖大会上，阿里巴巴CTO张建锋（花名行癫）宣布阿里巴巴成立全球研究院。这就是阿里巴巴达摩院，一家致力于探索科技未知，以人类愿景为驱动力的研究院，是阿里在全球多点设立的科研机构，立足基础科学、颠覆性技术和应用技术。

阿里巴巴的研究院为什么会被命名为“达摩院”，可能与马云的武侠情怀有关。在历史记载和武侠小说中，达摩是一名天竺人，禅宗二十八代达摩祖师，是把禅学带入中土的第一人。他为弘扬佛法东渡中土历尽艰辛，后终在少林寺后山面壁九年得悟大道和高深武艺。达摩被认为是武林中技艺最高的人！在武侠小说中，达摩院代表最高的武学研究机构，也是修为最高的机构，不是一般人想进就能进的。

同样，阿里巴巴达摩院可以说是科学研究和科技的殿堂，也不是随随便便就能进的。据悉，达摩院实行院长负责制，由阿里巴巴集团首席技术官张建峰担任首任院长，而能够进入达摩院的“高僧们”则可能是院士级科学家，首批公布的学术咨询委员会十人中有三位中国两院院士、五位美国科学院院士，包括世界人工智能泰斗Michael I. Jordan、分布式计算大家李凯、人类基因组计划负责人

George M. Church 等。

阿里巴巴达摩院成立时就开始布局全球，分别设立了亚洲达摩院、美洲达摩院、欧洲达摩院，并在北京、杭州、新加坡、以色列、圣马特奥、贝尔维尤、莫斯科等地设立不同研究方向的实验室，初期计划引入 100 名顶尖科学家和研究人员。

对于阿里巴巴达摩院，马云寄予了厚望。马云表示，成立阿里巴巴达摩院，是因为他们相信，未来一定是技术带来利润，未来的市场规模的取得，靠的是创新。

阿里达摩院的愿景是“以科技创新世界”，阿里巴巴计划在三年时间里投资 1000 亿元人民币，建造一个以科技为核心，汇聚全球顶尖科研人员、学者的交流中心。

未来的阿里达摩院将会涵盖量子计算、网络安全、视觉计算、芯片技术、传感器技术、嵌入式系统等，涵盖机器智能、智联网、金融科技等多个领域。阿里达摩院的成立，标志着阿里巴巴不再是单纯的互联网公司，而是一家以技术驱动的科技公司。

在阿里达摩院成立仪式上，马云对其提出了三点要求。

第一，阿里达摩院必须比阿里巴巴活得更长久，马云认为，企业是有周期的，但能留下来的，是阿里巴巴的技术、经验以及对社会的担当。阿里集团走过了 18 个年头，还有 84 年要走，达摩院至少要活 85 年。

第二，达摩院至少要服务全世界 20 亿人口，为 1000 万家企业创造盈利空间和际遇，希望达摩研究院能够解决 1 亿个就业机会，即普惠共享、可持续发展以及快乐。

第三，达摩院自己需有盈利能力，“天下只有自己靠得住”。马云同时宣布，阿里巴巴将在 2017 年启用 1000 亿元人民币作为启动资金，在全球范围内搜罗人才，但是未来达摩院依靠的只能是自己。

对于阿里巴巴的这一布局，外媒也表现出了极大的兴趣。美国一家媒体分析称，这是阿里巴巴成为全球化公司必须经历的一步。另一家美国媒体赞许阿里巴巴把实验室设在全球不同的地方，这给阿里巴巴集团提供了很大的帮助，因为它既能享受到这些人才带来的好处，又不用说服这些人来中国工作，同时还能避免这些人才被亚马逊、苹果、谷歌等竞争对手抢走。

美国一家科技投资媒体也表示，阿里巴巴的这一举动让公司和微软、谷歌、Facebook、IBM 以及 Snap 在内的其他主流科技公司走在了同一水平线上。和其他公司一样，阿里巴巴计划对其目前的业务领域持开放态度，并很可能通过研究报告、开源项目以及其他合作形式和公众分享信息。

虽然阿里巴巴的科研起步比较晚，起点也比较低，但是中国公司在研发上的投入可谓不遗余力。马云在达摩院成立仪式上也体现了这种态势，他说："现在的状况和过去不同了，阿里巴巴已经在世界互联网格局中有了一席之地。阿里巴巴已经走过了 18 个年头，到了现在，如果阿里的资源还是放在赚钱的领域，那么将会是非常没有出息的。"

达摩院的首任院长张建峰也表示，今天的阿里巴巴，有能力、更有责任驱动人类科技和生活的进步，作出更大的贡献。

但是也有人为阿里巴巴如此大规模地向科学技术进军表示担忧，他们担心技术会取代人工，导致失业，拉大贫富差距。

对此，马云表示，担心技术会取代人类，会消灭就业，拉大贫富差距，这些都是空担心，因为技术、科技一定是为了人而存在的，是为人类服务的。对技术担心是因为对自己缺乏信心，缺乏对未来的想象力。

任何一次技术革命，确实会对传统工业、传统技术产生冲击，但是任何一场技术革命也会带来新的就业。所以说，这些人的担心完全是多余的。

阿里达摩院的成立也表明了马云的雄心，当然，马云从不缺乏雄心，这次的阿里达摩院是马云对自己商业帝国的又一次完善，因为要想打造自己的帝国，科技中心是必不可少的一步。虽然目前国内也有一些“科技院”，但大多是国家任务，国家拨款；而马云做的则是自产自营，这是一个“帝国”必不可少的基业。

阿里达摩院的成立，也是阿里巴巴国际化，打造世界第五大经济体的真正意义上的证明。因为这是一个科技赋予商业模式的时代，达摩院的成立，将有助于阿里弥补自身技术的相对弱势，帮助阿里开启新的篇章。

# 马化腾

## 腾讯与网络社交的革命

决定能否成功的是，发现需求、主动创造分享平台的能力。

如果不出去走走，你或许以为这就是世界。

有时候不辛苦但是压力大，有时候辛苦但是压力不大。

品牌不是自己封的，一定要有实实在在的产品。

要取得事业成功，必须花心思预测未来几个月甚至几年的事情。

# 第 1 章
# 平凡岁月：少年马化腾的青葱年代

## 看见哈雷彗星的少年
## ——在爱做梦的年纪憧憬未来

1971 年 10 月 29 日，马化腾出生在广东省汕头市潮南区，父亲马陈术是中共党员。刚出生的时候，父亲正在海南儋州，随后马化腾也来到这个新奇的地方。

在儋州，马化腾度过了自己的童年。和其他孩子一样，童年时期的马化腾也有着自己的梦想，但是当时的梦想和互联网、软件工程师丝毫没有关系，甚至他在那个时候根本不知道互联网、软件工程师是什么。当时，马化腾常常在夜晚一遍遍数天上的星星，并梦想着成为天文学家。相比其他孩子的嬉戏玩闹，静静观看夜空中的星星反而让马化腾更加惬意。也许正是海南纯净而明亮的夜空，让他养成了安静、含蓄的性格。

到了中学时代，马化腾已经对天文有了一定的了解，这个时候他就想有一台更专业的设备，但是天文望远镜的价格不是他所能承受的，马化腾就开始央求父母帮他买一台。马化腾的父母也只是普通的国家工作人员，收入并不多，而一台准专业级的天文望远镜当时的售价是700多元，对他们来说是一个不小的负担。另外，在马化腾的父母看来，天文望远镜对于马化腾来说就是一个玩具，就没有答应儿子。

对此，马化腾无可奈何，即便他有些失望。后来，马化腾把这件事写进了日记里，称父母的做法，扼杀了一位天文学家。

马化腾的这篇日记无意中被母亲看到了，父母这时才明白儿子对天文的喜爱有多认真。经过一番商量，夫妻俩决定帮儿子实现愿望，就这样，马化腾拥有了一台日思夜想的天文望远镜。这台准专业级的天文望远镜花了他父亲将近四个月的工资。有了天文望远镜，马化腾就更沉醉于观察天空了。

一天晚饭后，马化腾像往常一样抱着天文望远镜上了天台，因为他听说当晚会有流星雨。但是一直到后半夜，马化腾都没有回家，他的父亲有些着急，就上了天台看儿子在干什么。到了天台才发现，马化腾依偎在天文望远镜旁睡着了。

1984年，马化腾随父母迁到了深圳，那一年他正在上初二。到了深圳之后，他被父母安排进了当地的中学就读。

当时的深圳还是一个新兴的城市，不过发展速度非常快。当时社会上流传着一些俏皮话，说是在深圳，早上是一块平地，中午就变成一层的大楼，到了晚上就盖好了两层，到了第二天晚上，大楼就基本竣工了。这是当时全国广为流传的“深圳速度”。

深圳的一切不管是从思想观念还是认知上，都对马化腾产生了巨大的冲击，而且新兴的计算机产业也在这个时候进入马化腾的世界。

来到深圳的第三年，1986年4月11日这一天，时隔76年之久，哈雷彗星拖着它的绚丽的长尾巴再次光临地球上空。这一激动人心的时刻吸引了世界各地的天文爱好者，马化腾也不例外。

马化腾当时 15 岁，是深圳中学天文兴趣小组的成员，这也是他参加的唯一一个课外兴趣小组。观测到哈雷彗星之后，马化腾宣称自己是全校第一个看到哈雷彗星的人，其实他很可能也是整个深圳市第一个观测到并拍摄到哈雷彗星的人。当然，这还要感谢他父母给他购买的那台准专业级的天文望远镜。

许多年之后，马化腾曾介绍过那次观测。马化腾称，哈雷彗星出现在北斗星的西南方向，没有想象中那么亮，肉眼不太容易找到。在找到哈里彗星之后，马化腾拍下了照片，还写了一篇观测报告。这篇报告后来寄到了北京，并且获得了观测比赛三等奖，得到了 40 元奖金。

就这样，马化腾对天文的爱好一直保留了下来。后来在访谈中，马化腾也提到过，自己从中学开始一直在订阅《天文爱好者》这本杂志。而在 2004 年马化腾过生日的时候，腾讯董事会的同事送给他的生日礼物，就是一架精美的天文望远镜模型。

就读深圳中学之后，马化腾遇到了几个知己，这几个知己后来成为自己创业路上的左膀右臂。

刚到深圳中学的时候，马化腾的个子不高，只有 1.4 米多，在同龄人中显得矮小，所以排座位的时候，马化腾坐在第一排，在他旁边的就是腾讯后来的首席信息官许晨晔，也是腾讯早期的创始人之一。这五个人分别是首席执行官马化腾、首席信息官许晨晔、首席行政官陈一丹、首席运营官曾李青、首席技术官张志东，外界很形象地称他们为“腾讯五虎”。

1984 年，在改革春风的鼓舞下，全国各地大量移民进入深圳，许晨晔就是这个时候随父母迁居深圳的，而且和马化腾一样进入了深圳中学。深圳中学初一年级原本招了八个班，但是移民太多，不得不扩招了两个班。新增加的两个班的学生大多来自外地，他们讲普通话；前八个班的学生大多是本地人，他们讲广东话，在这八个班中还有腾讯另外两个创始人——张志东和陈一丹。张志东是土生土长的深圳人，陈一丹于 1981 年随父母从汕头市田心镇迁到深圳，他的父亲后来成了一家银行的支行长。

中学时期，马化腾的成绩一直名列前茅。到了高中之后，马化腾和许晨晔、陈一丹被分到了一个班里。高二时期，学校再次分班，马化腾和许晨晔还是在一起，陈一丹和张志东则分到了另一个班。

后来陈一丹还回忆过他们的学生时代，那时候许晨晔、张志东和陈一丹都学“奥林匹克数学”，马化腾则参加天文兴趣小组。高中的时候，他们还比赛背圆周率。课间的时候，他们会在走廊上轮流背，今天你多背两位，明天我就要比你多背两位，到了最后，他们都能背到小数点后 100 多位。

中学时的马化腾虽然学习不错，但并不是学校中的风云人物。据他高中时期的班主任回忆：马化腾是一个比较乖的学生，学习也很认真，从不旷课；与同学的关系也不错，很会团结人；作业本也总是保持整洁，但是除此之外，就没有什么深刻的印象了。

高中时期，马化腾的身体猛地长开了，身高也开始猛增。多年之后，提起这段时间，许晨晔还是有些愤愤不平：“原本我们两个都在第一排，后来他却越长越高，座位也越来越靠后。”马化腾的另一个同伴张志东也越长越壮实，同学们还给他起了一个外号叫“冬瓜”。

20 世纪 70 年代的人大概是伴随着焦虑成长起来的，他们的人生和祖国很相像，很长时间都是在一个巨大的、“不确定的繁荣”

中成长的。在马化腾们的中学时期，全国上下弥漫着浓厚的“时不我待”的氛围。老师们也经常表现得很急切，想让学生们明白这是一个充满机遇的年代，机会多得数不胜数，希望学生们能够不负时光，抓住稍纵即逝的宝贵年华。

## 小小年纪结缘互联网
## ——实用主义与革新思想的洗礼

1986 年，马化腾参加了高考。当时，改革开放已经起步，家长们都希望孩子能够留在身边。马化腾像许多同学一样，选择了深圳大学。其实，他的高考成绩很优秀，超过了重点线 100 多分，完全可以填报清华大学或者复旦大学。

当时，深圳大学没有马化腾最感兴趣的天文系，而且他从侧面了解到，天文系毕业之后大多数人只能做地理老师，这显然不是他兴趣所在。因此，马化腾退而求其次，选择了计算机专业。

其实在进入大学之前，马化腾就已经对互联网和计算机有所了解，认为这是一个前景远大的行业。和马化腾一起进入这个专业的还有许晨晔和张志东。许晨晔还和马化腾分到了一个寝室。在这个专业里，除了一名保送生之外，张志东的分数最高，马化腾第三。

深圳大学是一所年轻的大学，受深圳这种高速发展的氛围影响，深圳大学的学术思想以实用和创新为主，而且深圳大学发展得非常快。受此影响，马化腾在毕业之前就已经深受实用主义和革新思想的熏陶。在以后的创业过程中，这种实用主义和革新思想深深影响着马化腾，不管是最初的即时通信，还是后来的网络游戏、电子商务等，都透露着这两个特质。大学期间，马化腾的成绩很突出，而且对编码和网络越来越痴迷，这些也成为他日后成功的基础。

马化腾的班主任黄顺珍老师教他们计算机操作系统，从保留的成绩单上不难看出，马化腾和张志东等人的成绩确实很出众。马化腾功课成绩是 86 分，张志东是 92 分，全班最高。黄顺珍老师回忆称，马化腾等人的家庭条件不错，所以很早就配了电脑；而且他们学习很认真，在其他同学闲聊的时候，马化腾、张志东、许晨晔等人总是在认真看书，做计算机操作练习。有一次，马化腾在交计算机报告，写自己名字时，加了一点小创意，他用软件为自己的"马"姓做了一些处理，做出了一个奔腾形状的字体，然后在后边手写了"化腾"两个字。这样的创意在理工科学生里并不多见。

很快，马化腾在计算机方面的天分就展示了出来。

在大学，对于编程的同学来说，公共计算机房是较量技术的战场。他们会写病毒程序，将硬盘锁死，别人打不开，自己却可以打开。当然，如果能打开对方锁死的硬盘，无疑是一件很酷的事情。在同学们的记忆里，马化腾就是一个写病毒程序的高手。他经常把机房里的计算机硬盘锁死，连管理员都打不开。后来，只要发生这样的状况，管理员就会找马化腾来解决，为此，马化腾也得到了更多的上网机会。另外，马化腾在图形化界面程序编写上也很有天分。

大四的时候，学生要进入企业实习，马化腾进入了深圳黎明电脑网络有限公司，这是当时中国南方技术水平最高的计算机公司，马化腾在这里完成了自己人生中真正意义上的第一个产品。

当时中国股票市场如火如荼，很多人开始设计股票分析软件，马化腾也做了这方面的尝试。马化腾做了一个图形化界面的股票行情分析系统，还为这个系统带入了一套汉字输入法，将自己在C语言和图形化界面上的特长进行了充分发挥。这个股票分析软件可以让使用者很形象地看到股票行情的波动情况，并据此进行分析。

因此，在众多股票分析软件中，马化腾的软件让人眼前一亮，以至于他所实习的黎明网络公司都看中了这款软件，要购买下来。马化腾当时还是个学生，并不知道自己的软件值多少钱，他小心翼翼地开出了5万元的价格，这相当于当时大学毕业生三年的薪水，但是黎明公司并没有还价，一口答应。

大学毕业之后，马化腾和同学们各奔东西，张志东考取华南理工大学的研究生，继续磨练自己的算法技术。许晨晔先工作了半年，然后去了南京大学读计算机应用。陈一丹被分配进了深圳出入境检验检疫局，同时在职攻读南京大学经济法硕士。马化腾则进入了深圳润迅通信集团有限公司，做了一名软件工程师。

马化腾在1993年进入润迅，这是一家从事寻呼台服务的公司，创办只有一年的时间。寻呼机是在1983年进入中国，到了20世纪90年代前后，几乎到了“人腰一机”的地步。寻呼机的风靡也说明中国已经进入即时通信的时代。

在90年代之前，寻呼业务几乎被国有电信公司垄断，之后才逐渐向私人放开。润迅的创始人非常有魄力，他们创造性地推出了内地与香港的跨境寻呼业务，很快就在深圳市场站稳了脚跟，随后又率先推出全国卫星联网、秘书台等一系列服务。这一系列动作让润迅迅速成为中国南方最大的寻呼台服务企业。最盛时期，公司在香港上市，进入恒生指数，年营业额高达 20 亿元，净利润超过 30%。

进入润迅时，马化腾被分配到研发部门写寻呼系统的软件程序，月薪 1100 元；后来转入业务部门，参与各地的寻呼台建设，主要负责软件编写和网络实现，月薪也涨到了 8000 多元。

这个薪水即便是在今天也很诱人，不过在马化腾的心中，这并不是自己所要的一切。其实在刚毕业的时候，马化腾考虑过创业，想过要去深圳华强公司做计算机组装。但是很快他就发现，已经有太多的人从事这一行业，市场已经达到饱和，自己的专业知识在这个竞争激烈的行业里并没有什么优势。经过短时间的思考，马化腾就放弃了这个计划。

在润迅工作期间，马化腾并没有因为繁忙的工作放弃互联网，相反，他对互联网的兴趣越来越浓厚。可以说，互联网行业对于马化腾来说已经超越了工作的范畴，完全成为他的兴趣。在这段时间里，马化腾还经常去朋友那里帮忙解决软件和网络上的难题。

在这期间，马化腾虽然一直在写程序，但是还没有真正意义上接触互联网，他真正意义上接触互联网是在 1995 年。

1994 年底，马化腾偶然间接触到了“惠多网”，并被这个新东西彻底吸引了。

惠多网的英文原名是 FidoNet，1984 年在美国诞生，是一种 BBS（点子布告栏）建站程序，通过电话线连接，以点对点的方式转发信件，是技术爱好者自行搭建的一个替代性的通信网络。惠多网和后来的互联网不同，不支持在线交流，而且一根电话线只能一个人用，用户上传完内容之后要赶快下来，否则其他人就无法上去。

1991 年，在北京定居的台湾人罗依开通了中国第一个惠多网站点——“长城”站点，在中国的 FidoNet 站群便被称作 CFido。一开始，上惠多网的多是从海外拨长途回国的中国留学生；渐渐地，国内的技术爱好者也被吸引进来了，他们中的一些发烧友也在各自的城市开设了自己的站点，这些站点也链接成了一张网，成为中国第一代网民的摇篮。

1995 年 2 月，马化腾决定开通惠多网深圳站，起名 Ponysoft，Pony 是马化腾的英文名，中文翻译过来就是“马化腾的软件”，这个站点也被叫作“马站”。

“马站”开通的时候，中国的惠多网站点并不多，其中珠海的站长叫求伯君。北京站还有一个人叫雷军。惠多网前 100 名的用户里，有个宁波电信局的工程师，叫丁磊。他们做站长的时候，杭州有个外语老师，做了第一个网上中文商业信息站点“中国黄页”，他叫马云。这些人可以说是中国的第一代网民。

在这些站点中，“马站”大概是最豪华的了，马化腾在家里拉了四条电话线，安装了八台电脑。这样，马化腾的站点就可以同时接受 4 名用户的传送申请。在当时，电话初装费很贵，一部电话需要 8000 元。好在马化腾的姐姐在电话公司上班，加上他一次性要拉四条电话线，最终给了他半价优惠。另外，当时马化腾的母亲已经退休，在家帮助他做维护，这也就保证了马化腾可以一边上班一边“创业”。

现实中的马化腾不善交际，但是在虚拟世界中，他就像是一个话唠，可以跟其他人反复讨论技术上的难题。也正是与惠多网里的高端人才的接触，马化腾对国际上的互联网信息了解得比一般人多得多。也正是在这个圈子里，他接触了改变他人生的 ICQ 软件。

多年之后，马化腾说道：“一接触这个软件，我就知道它的奥妙，因为这与我最初设想的 IM 工具完全吻合……我当时就产生了推动它在中国 IM 领域发展的念头。”

马化腾的预想没有错，而且当时世界以及中国的互联网行业确实发生着历史性的变化。另外，马化腾就职的润迅公司也开始走下坡路，尤其是手机的出现，让寻呼业务大受打击。

1998 年，马化腾想把互联网引入传呼领域，他想通过这个方法帮润迅摆脱困境，虽然马化腾也知道，传呼行业已经是日薄西山。但是很可惜，他的这个建议并没有被润迅高层采纳。同年，美国在线收购了 ICQ 并把它推向全世界。这个软件的 IM 模式给了马化腾极大的启发，他甚至考虑将传统的传呼产品和 IM 联系起来。

IM（Instant Messaging）是“实时信息”的意思。在充分了解了 ICQ 之后，马化腾向润迅高层提出推出同类产品的建议。但是这个建议依然没有被润迅高层接受，他们依然对传呼业务抱有希望，这让马化腾感到心灰意冷，有了离开润迅的想法。

在这个过程中，马化腾时刻关注互联网市场的变化，由于互联网市场的蓬勃发展，马化腾终于看清局势，也树立了创业的信心。他明白，互联网在不久的将来必定会成为中国的主流。于是他向润迅公司递交辞呈，离开了润迅，开始筹建自己的公司。

# 第2章

## 艰辛创业：小企鹅的坎坷成长路

### 踏上创业不归路
### ——不逼自己一把，永远不知道自己有多优秀

“当你面对一排难以翻越的栅栏时，先把你的帽子扔过去。然后你就不得不想办法到栅栏那边去的办法来。”这是一则美国寓言故事。在中国也有一句俗语，叫“人都是逼出来的”，当我们遇到各种各样的难题、困境的时候，前思后想、左顾右盼对解决问题并没有帮助，不如尽全力去试一试。把心爱的“帽子”扔过围墙，那么你就会想尽一切办法，哪怕是受伤，哪怕是爬墙掉下去，你都会竭尽全力。人的潜能远大于自己的认知，只要在关键的时刻不后退、不气馁，上天总会眷顾那些义无反顾、勇敢向前的人。

马化腾决定创业时，中国的互联网事业已经展现出了它强劲的一面，一些优秀的互联网人已经崭露头角，比如瀛海威的张树新、点击科技的王志东以及创办搜狐的张朝阳等，这些人的成就让马化腾颇为羡慕，但是真正刺激到马化腾的是丁磊。

1996年，美国人杰克·史密斯推出了免费的电子邮件系统。一

年之后，比尔·盖茨以4亿美元将之收购，并把它运行到微软的Windows平台上。丁磊敏锐地意识到电子邮箱将是一个前途无量的互联网基础服务。丁磊拿出全部积蓄成立了网易公司，然后与华南理工大学二年级学生陈磊华一起开发出了第一款中文免费电子邮箱。

这个系统让丁磊成为中国互联网产业中第一个赚到真金白银的创业者，他把邮箱系统以119万元卖给了飞华网。之后，全国各地由电信公司开办的网站纷纷向他采购。丁磊以每套10万美元的价格出售，很快成了互联网业的佼佼者。

丁磊的事业让马化腾坐不住了，其实在润迅上班的时候他也想过要开发邮箱系统，不过当时没有人支持他，只有他一个人在做。丁磊做了出来，并成立了公司，这让马化腾觉得自己必须要做些什么，虽然他并不清楚自己具体要做什么。他只有一个大概的方向，就是把他所熟悉的传呼和互联网联系起来，借以寻找发展空间。

后来马化腾找到了自己的好朋友张志东，邀请他和自己一起创业，并把自己的点子和张志东分享。最终，张志东被马化腾打动，离开原来的公司和马化腾一起创业。之后，马化腾又找到许晨晔，张志东找到陈一丹，邀请他们一起创业。为谨慎起见，陈一丹和许晨晔并没有立即辞职，而是利用业余时间帮助马化腾打理公司。

创业原本就是要在一条充满不确定因素的路上前行，通常情况下，人们对于未知的领域总会有恐惧心理。也正因为恐惧，太多的人只有创业热情，却没有行动的胆量，结果只是在憧憬和幻想中度过一生。有的人哪怕目标并不清楚，也会勇敢迈出脚步，在前进的过程中一点点明晰自己的人生，这些人可能会一路坎坷，但是人生绝不空白。

正如法国文学家雨果说的："每一次成功都不是在良好的环境

里、朋友的帮助下实现的，而是在威胁你的强大对手和巨大的压力下创造的奇迹，是自己在逼自己成功。”其实人的潜力也往往在逼自己的时候展现。

平常状态下，我们很难有惊人之举，甚至还会满腹牢骚，不知道自己到底该做些什么，也不知道自己有多大能力。当我们面临抉择，不得不逼自己一把的时候，我们的潜能很可能在这种状况下被激发，让我们做出令人吃惊的事情。

当然，要想挖掘自己的潜能，不能寄希望于外部条件，应该主动有所为，自己逼自己。这就要求我们学会给自己施加压力，逼迫自己挑战极限，开拓自己的内在力量，把自己最优秀的一面诱发出来。

马化腾在创业的时候就是如此，当时的马化腾不仅资金不足，人手也短缺，但是他认准了互联网行业的发展前景。因此，即便有一份薪酬优厚的工作，他还是选择了辞职创业。当然，他也意识到了自己现在所从事的行业已经是日薄西山，自己必须做出改变。

当然，并不是所有的改变都一切顺利，马化腾虽然对自己的技术水平和市场判断很有信心，但是他也明白，要想经营好一家公司并不简单，他需要一个精诚合作的团队。可是要组建一个优秀的团队，对马化腾来说困难不小。

创业之初，马化腾并没有什么资本，无法给合作伙伴开出优厚的薪酬，甚至薪酬方面都无法提供保障。但他还是凭着和朋友们的交情和共同的梦想，找到了几个优秀的人才，组成了公司的骨干。

马化腾后来在接受采访的时候也说过，最初创业的时候，有的朋友放弃了原本待遇优厚的工作，凭着对他的信任加入了团队，对于这些朋友，他始终心存感激。

不过组建最初的团队时，马化腾发现，他们当中除了陈一丹之外，都是技术型人员，而陈一丹是法学出身，负责公司的法律事宜。因此，他们四个人谁也无法担起销售的重任。他们也都知道产品销售对一家公司的重要性，于是四个人开始寻找销售人才。在寻找销售人才的过程中，马化腾费尽心思，因为他知道，一个优秀的销售人才，可以为公司撑起半边天。虽然好事多磨，马化腾一直没有找到让自己满意的人才。

后来，马化腾在和当时深圳数据通信局局长许文艳聊天的时候，无意中说起了自己的苦恼。许文艳眼前一亮，向马化腾推荐了一个人，恰巧这个人马化腾也认识，在深圳数据通信局工作，对互联网和电信业务也很熟悉，这个人就是“腾讯五虎”的曾李青。

曾李青性格活泼，能言善辩，曾凭一己之力，说服一个地产开发商投资 120 万元，建成了全国第一个宽带小区。马化腾找上曾李青的时候，曾李青是深圳数据通信局下属龙脉公司的市场部经理。当时电信局整顿“三产”，龙脉面临被裁撤的命运，曾李青也正在为自己的前途发愁。马化腾找到他之后，两个人一拍即合。

据曾李青回忆，他和马化腾、张志东第一次就公司成立的会面，是在龙脉公司他的小办公室里。三个人就公司事务进行了简单的分工，马化腾负责战略和产品，张志东负责技术，他则负责市场。

在给公司起名字的时候，他们决定用“讯”做尾缀，表示他们的业务和“通讯”有关，而前缀的选择则经历了一番周折。据马化腾回忆，最早想出的名字叫网讯，就是“网络通讯”的意思，最直接、最简单，第二个备选的是捷讯，第三个是飞讯，第四个名字才是腾讯。工商登记的事情是马化腾的父亲帮忙跑的，因为前面几个名字都被登记了，马化腾的父亲就用“腾讯”注册了下来。不过马化腾觉得这个名字带有个人色彩，觉得不太好。但还是听了父亲的话，用“腾讯”注册了公司。后来有人推测，“腾”取自马化腾的名字，“讯”则与“润迅”有渊源，也是八九不离十的解释。公司的英文名字 Tencent 的灵感来源于 Lucent（朗讯）。就这样，腾讯公司的雏形就完成了。

可以说，马化腾走上创业的道路，既有外部环境的推动，也有他自己的执着。

人有懒惰的一面，有追求安逸的心理，人们习惯于重复自己熟悉的事情，表现自己擅长的领域，愿意过没有压力的生活。可是，长期下去，我们一味追求安逸，贪图享受，斗志必定会被消磨殆尽。到最后，我们可能就会什么也不想干，什么也干不好，从此就陷入了故步自封的困境。

所以，要想成功，就要有压力，就要敢于逼迫自己，挖掘自己身上的潜能，展现自己优秀的一面。因此，当我们拥有了想法，哪怕只是一个念头，就要勇敢地迈开脚步，逼迫自己行动起来。只有这样才能激发自己的潜能，实现梦想，走向成功。

## 选择奋斗就要遭遇坎坷

## ——没有谁可以随随便便成功

舞台表演有一句谚语：“台上一分钟，台下十年功。”意思是说，在台上表演的时间往往只有短短的一分钟，但为了台上这一分钟的表演时间，需要付出十年的艰辛努力。其实也是在说，成功并不简单，没有谁可以随随便便成功。

其实这个道理大家都懂，我们周围也从不缺少懂道理的人，但是缺少付诸行动的人，缺少的是克服种种阻力、懒惰去实践道理的人。毕竟，知道是一回事，做又是一回事了。

成功从来都不会一帆风顺，困难总会在意想不到的时候出现，只有那些勇敢走下去的人，承受了比别人更多的东西，克服了比别人更多困难的人，才会收获更多。

腾讯最初的办公场所在深圳华强北赛格科技创业园的一栋坐北朝南的老楼里，是一位香港商人借给他们的。后来香港商人收回了他们的办公室，马化腾就在旁边的一栋楼里又找了间新的办公室。这间办公室现在还被腾讯公司保留着，墙上还挂着他们那个时候的照片。

腾讯的创办日被确定为 1998 年 11 月 11 日，但实际上，并没有“仪式”上的那一天。因为整个 1998 年，马化腾和自己的同伴是在忙碌中度过了一天又一天。

马化腾等人最初开发的是一款网络传呼系统，这与马化腾以往的工作有关。这款软件的主要功能是用户可以通过互联网把信息发送到传呼机上。马化腾还在这款软件中加入了一些创新，比如邮件寻呼服务，用户可以在寻呼机上查看发送到电子邮箱的主题及部分内容；还有网络秘书服务，用户可以在互联网上输入每天的日程，网络秘书会在设定的时间把事项发送到寻呼机上。

除此之外，马化腾还设计了虚拟寻呼服务：用户不需要有一部真正的寻呼机，只要有一个虚拟的寻呼号，朋友就可以直接拨打到寻呼台发信息到你的电子邮箱里。这个设计已经带有即时通信的色彩了。

可以说，这款软件有一定的创新性，但是也有其局限性，而且手机开始日渐普及，寻呼机正在被逐渐淘汰。但是沉浸在创业激情中的马化腾并没有意识到危险近在咫尺。

马化腾为了推销这款软件，四处寻找业务。有一位朋友介绍了河北电信给马化腾，他们对马化腾的这款系统很感兴趣。1998 年 5~7 月，马化腾前后跑了四次石家庄，终于完成了这个项目，为公司带来 20 万元的收益。这让整个团队很是兴奋，也促成了公司正式创办。

为了拉到更多的业务，马化腾还弄到了一本“寻呼企业大全”，上边收录了上千个企业的地址和电话。他们打印了一份业务信函，买了上千个信封，撰写好信函之后，一一寄出，然后等着这些企业的回信。

结果让他们很失望，除了河北电信之外，再没有哪家企业愿意出 20 万元购买这套软件。不得已，他们只能压低报价，从 20 万元降到 10 万元，再降到 8 万元、5 万元、3 万元。他们设计的这套软件成本就在 3 万元左右，也就是说已经没有什么利润了。

为了有收益，他们尽量开拓更多的业务。从网站设计、服务器存储空间再到更新管理维护的全包服务，以及简单的网页制作等，有时候一个单子只有 5000 元，他们也要做。最后甚至连免费的都做过，因为他们想赚取以后的维护费。

可以说，那个时候是一个狼狈不堪的岁月。他们拉来的业务，由于没有什么规范和文档，对方就给他们一堆源代码，让他们去装。装的时候如果遇到问题，对方也说不清楚，那就只能自己看着办，能改就改。安装完成之后，这个系统就归你管，因为其他人都搞不懂。

他们的办公环境也很糟糕，几个人守着几十平米的办公室，当时陈一丹和许晨晔没有从原公司离职，只能在下班和周末来这里帮忙，曾李青经常外出跑业务，所以在办公室里工作的只有马化腾和张志东。在这简陋的办公环境里，他们吃盒饭、睡沙发，紧张地忙碌着，废寝忘食地工作着，为了他们的梦想。

马化腾曾说，那个时候最怕的是到月底，即便被对方免去了房租，他们还是需要交水电费。机房也需要24小时运行，尤其是到了夏天，深圳酷热月份比较长，空调、热水器等大功率电器只能同时开通，水电费就成了马化腾最头疼的问题。

正如马化腾后来说的，腾讯创立之初，随时都有可能“死掉”。如果不是因为留在润迅没有前途，马化腾表示自己不会出来创业。

其实对任何一个创业者来说都要经历这一阶段，因为创业绝非一件容易的事情。就像《真心英雄》的歌词：不经历风雨，怎能见彩虹，没有谁能随随便便成功。成功从来不会一蹴而就，在迈向成功的道路上会有各种坎坷的经历，也会有各种各样的磨难。但是人们只会看到成功的结果，往往忽视了在前往成功的道路上所付出的艰辛努力。

其实道理都懂，也都会说，只是能做到的人却很少。我们周围不缺少懂道理的人，但是缺少克服种种阻力、克服拖延懒惰，去实践的人。毕竟，知道是一回事，做是另一回事。说到底，我们害怕失败，害怕困难、挫折，害怕被其他人看到自己的缺点和不足。

其实认准了道路，就应该一往无前，坚持到底。这个过程中虽然会遭遇困境，会暴露自己的缺点，但是只有这样，我们才有前进的可能。不走路不会摔倒，但会丧失走路的能力，害怕失败不敢迈开步子，最终只会永远失败。

成功的路不会一帆风顺，总会有一些意想不到的困难。当我们勇敢面对这些困难，走了出去，承受了这些困苦，克服了诸多艰难时，自然会比其他人获得更多的东西，也会比其他人更有可能取得成功，成为不平凡的人。

马化腾就是一个敢于迈开步子、不怕失败的人，也正因为这样，马化腾才有了今天这样的成就。

2017 年 8 月，在腾讯组织发起的粤港澳湾区青年营活动上，马化腾真情流露，回忆起创办腾讯之初的种种心酸。马化腾告诉这些青年，当时自己根本没有想过会有今天的成就，想得最多的是怎么活下来，“能不能活过今天，在一年内生存下来，是最大的难题”。

马化腾向这些青年描述过一个细节：“某天早上起来，意识到今天是周末，就会想‘水电费白交了’。如果只是打工，在周末就会非常高兴，可能你们读书也是这样。但真正创业就感觉到希望每天都干活，如果有一天说是周末，就会着急，心里压力会很大。”

就这样，在 1998 年年底到 1999 年年底创业这一年时间里，腾讯公司总共才完成了 100 万元的营业收入。可以说马化腾团队从创业之初就陷入了苦战，主营业务搁浅，资金入不敷出，腾讯在当时可以说是奄奄一息，随时都有可能“死掉”。马化腾甚至都不敢鼓动许晨晔和陈一丹从原单位辞职。

有道是“天无绝人之路”，在腾讯公司濒临倒闭的当口，事情有了转折。创业的道路上总会发生这样的事情，从来不按常理出牌，倏然忽之间把你过往的成功和经验“废弃”，在你处于极限状态下时挑战你的意志力和创新力。“创业之神”好像总在给你制造障碍，堵住你的命运之门，但是又会给你流出一条缝隙。马化腾也遇到了这个缝隙，并且牢牢地抓住了。

这条缝隙很小，在腾讯历史上有一个名字，叫 OICQ——也就是 QQ 的前身。正是因为抓住了这个互联网通信工具，马化腾等人才再一次看到了希望，并找到了属于自己的发展方向。

可以说，马化腾在创业之初也像其他创业者一样经历了阵痛，经历了“覆灭”性的危机，不过马化腾等人没有被危机击倒，相反，他们在危机面前历练出了坚韧的意志，这为他们以后的发展奠定了坚实的基础。

所以说，无论做什么都有可能遇到挫折、困境，也会遭遇失败，因为成功不会随随便便降临，只有那些不惧困难，勇敢面对失败的人才会被“成功”青睐。

## OICQ 软件正式上线
## ——一切苦难都是人生的试金石

墨子有云：“为其所难者，必得其所欲。”意思是说，能够做艰难困苦之事情的人，就一定能够达到他所想要达到的目的，得到他所想要的东西。

一位哲人曾说过：“世界荣誉的桂冠，都是荆棘编制而成。”其实不管做什么事，要达到何种目标，都需要经历种种磨难，才能得到好的结果，这是一条颠扑不破的真理。正所谓，不经历风雨，怎能见彩虹。一切的苦难都是人生成功的试金石。

说到 OICQ，要先从 ICQ 这款软件说起，ICQ 由三位以色列青年开发，意思是“I SEEK YOU”（我找你）。ICQ 支持在互联网上聊天、发送消息、传递文件。作为即时通信工具，ICQ 的互动性远高于 BBS 和电子邮件。因此，甫一上线，它的用户就以惊人的速度增长，不到一年的时间就成为世界上用户最多的即时通信软件。1998 年年底，这款软件被美国在线收购，收购价高达 4.07 亿美元。

ICQ 面世之后，中国也有人效仿开发汉化版的 ICQ 软件。从现有资料看，台湾资讯人公司第一个推出了繁体中文版 ICQ，命名为 CICQ。1998 年 8 月，资讯人公司进入大陆市场，推出简体中文版 ICQ，起名为 PICQ。与此同时，南京两位工程师也开发出了类似 ICQ 的产品“网际精灵”。

马化腾其实很早就注意到了这款软件，还向润迅高层提议研发汉化版的即时通信软件，但是并没有获得高层的认可。后来，马化腾团队投入 ICQ 软件开发，完全是由于一次偶然事件。

1998 年 8 月的一天，马化腾在广州电信的信息港上浏览，无意中看到一则招标新闻，广州电信要购买一款类似 ICQ 的软件，正在向全社会招标。马化腾当即与几个骨干进行商量，他们认为开发出这款软件难度并不大，可以试试。但是招标会召开在即，他们没有时间做出产品，只能做一个技术方案去竞标。

随后，曾李青前去打探消息，不过带回来的消息令人沮丧：竞标的有广州电信旗下的飞华公司，已经完成了所有产品，这其实是一个内定的标，他们根本没有机会。

但是马化腾还是决定试一试。他们做了一个“纸上产品”，起名为 OICQ，只是结果正如曾李青所说，他们没有一点机会。

竞标之后，他们进行了一次讨论，要不要把 OICQ 开发出来。当时说什么的都有，主要是这款软件让他们看不到赚钱的机会。不过最后大家还是听了马化腾的，先把这软件做出来，养起来。他们当时赚钱的门路主要是卖软件，根本没有想过 OICQ 能成长到今天这个规模。

OICQ 之所以能打败众多对手成长起来，在于它的革新，其中有一个比较明显的创新点：其他 ICQ 软件把内容和用户存储在了电脑客户端上，但是当时电脑并未普及中国，如果换一台电脑登录，原来的内容和朋友列表就不见了。腾讯则很好地解决了这个难点，他们把内容和朋友列表搬到了后台服务器上，避免了用户信息和好友名单的消失。

另外，OICQ 的软件体积远小于其他同类软件，这对于宽带普遍很低的中国用户来说无疑是一个福音。另外，OICQ 的提示音也很有特色，是寻呼机的“滴滴”声。

这一些细微的创新让 OICQ 更适合中国用户，虽然看上去源自于 ICQ，但是在本土化改造上，他们进行了无数应用性的创新。

OICQ 正式上线是在 1999 年 2 月 10 日，放号的时候他们预留了 200 个号码，对外放号从 10201 开始，马化腾的号码是 10001。他们打算在三年内发展 1 万名用户，这样他们还可以“养得起”。

但是由于 OICQ 的良好性能，很快就形成了口碑效应，使得其他软件上的用户纷纷转用 OICQ，用户可以说是急速增长。只是他们没有想到，这只“滴滴”乱叫的小东西会很快吃掉他们的全部现金，并把他们推到一个极速狂飙的境地。

用户上涨太快，他们的服务器一次次面临极限，他们赚来的钱根本不够增加服务器，而用户数量激增也无法帮他们从银行那里获得贷款。糟糕的远不止这些，1999 年 10 月，腾讯公司收到了一封从美国寄来的信件，打开之后才知道是美国在线发给他们的英文律师函，他们向美国的地方法庭状告 OICQ 侵犯了 ICQ 的知识产权，要求他们停止使用，并将之归还给美国在线。这封信让马化腾颇为头疼，他把其他四位创始人召集到一起，讨论怎么应对。其实他们都明白，这个官司他们没有钱打，即便有钱去打，也是凶多吉少。最后，马化腾决定不管这件事，随他去，而且要求其他四个人对这个消息必须保密。

11 月，马化腾忙得焦头烂额，张志东和陈一丹给他带来两个消息：他们的用户突破百万，将其他同类软件远远抛在后边；账上只剩下 1 万元现金。

在开源无望的情况下，马化腾只能做两件事，一是增资减薪，二是把腾讯卖掉。最后，股东们决定再次增股，虽然大家并没有什么积蓄，但还是咬牙再次投入，使得股本增加到 100 万元，另外他们还把月薪拦腰减半。但即便这样，他们依然捉襟见肘。

其实相比增资减薪，把公司卖掉更能解决问题，马化腾开价 300 万元，他和曾李青四处寻找愿意出钱的人，但并没有什么结果。在后来很长一段时间里，马化腾都不愿意谈及这段不堪的经历。

马化腾和曾李青先后找了深圳赛格集团和广州电信，但都被对方拒绝了，因为他们看不明白。除了深圳之外，马化腾还跑到北京和广州寻找买家，商谈卖掉腾讯的事宜。这些谈判对象中有的认为马化腾在和他们开玩笑，很不客气地把他赶了出来。

在当时的投资者看来，OICQ 是一台“烧钱”的机器，又让他们看不到任何盈利的希望。甚至出现过这样的状况，马化腾向朋友借钱，打算给对方腾讯的股份，对方却表示可以不要马化腾还钱，但是不会接受腾讯的股份。

也许是上天认为他们对 OICQ 付出了太多，不想让这个日后成为“网络巨人”的即时通信软件落入他人之手，所以才没有容他们找到买家。也正因为没有找到买家，这款软件成就了日后的马化腾。

可以说，这个时期是马化腾破乱不堪的一段经历，但是人生本就如此，必定会经历种种苦难。苦难是人生路上的试金石，它可以成就一个人，也可以打垮一个人。人生在世，难免会遇到诸多不如意，有时候甚至是非常不如意。因为人生不可能顺风顺水，也不可能总是风平浪静，总会遇到狂风暴雨、大风大浪。其实这些苦难本身并不重要，重要的是我们以何种方式面对苦难，以何种态度对待苦难。

那些面对苦难不妥协、积极寻求解决方法的人，他们是从苦难中成长起来的坚忍不拔的人。只有这些从苦难中走出来的人，才会更加坚定地向着前方走去。当然，这些苦难也会激发他们的潜能，激发他们的斗志，让他们为了梦想拼搏、坚持。可以说，对于坚忍不拔的人来说，苦难才是实现人生质变的契机，他们会置之死地而后生，实现完美蜕变。

苦难既可以是一块试金石，也可以是一把杀猪刀。不接受命运的安排，坚持不放弃，最后会主宰自己的命运。如果轻言放弃，苦难就不仅仅是一时的，却会成为你的命运。成功人士会直面苦难，直到实现自己的梦想。

## 为了做强做大，必须融资
## ——借助外力获得成长机会

在一次演讲中，日本著名的实业家稻盛和夫说过一句发人深省的话："你的存在，就是我之所以存在的原因。这么想才能得到和谐与平和。"这是他对真诚的理解。稻盛和夫强调，真诚是一切关系的基础。只有拥有真诚的心才能得到幸福和成功。

成功往往和真诚相连，真诚是一个人最基本的人格要素，也是做人最基本的道德要求。真诚是成功的基石，也是一个人走向成功的目标。所以，真诚待人，不为眼前利益欺瞒说谎，你才能找到真正的合作伙伴。

既然找不到收购者，马化腾等人也是捉襟见肘，不得已，他们走上了融资的道路。在中国，互联网从业人员十分认可一句话——全球风险投资在中国的历史就是一部中国互联网发展史。当然，风险投资不少，但是成功率并不高，如果哪家风险投资商的成功率能达到10%，那就是非常成功了。在当时，风险投资在很多人看来就是一件“烧钱”的事情。那些拉投资的人随便写几页计划书，再编造一个生动的故事，就能从国外拉来几百万美元的风险投资。这样的事情可谓比比皆是。风险投资商好像对他们的收益并不关心，开出的条件让人无所适从，竟然是要在规定的时间内把钱花完。

但是，马化腾对投资商的选择非常谨慎，他有自己的原则——投资商不能控股，企业的运营必须由他的团队负责。马化腾觉得，优秀的投资商带来的不仅仅是资金，还必须有丰富的行业经验，对市场和行业有很深的洞察力，能够在经营上为创业者提供指导。另外，马化腾认为投资商应该有必要的风险承担意识，能对企业进行长期、有规划的投资。马化腾认为这样的投资者才会真正帮助创业者，引导他们走向成功。当然，创业者的成功也会给投资者带来丰厚的利益，这是一个双赢的局面。

虽然马化腾在认识方面很成熟，而且选择投资商也很严谨，但是毕竟欠缺这方面的经验，所以最初选择的两家投资商并没有给他提供太多的支持。

值得肯定的是，这个时候的风险投资市场已经不再狂热，风险投资商们也趋向理性。有感于这一点，马化腾在接触投资商之前，准备了六个版本、长达 20 多页的计划书。谈判也是经历了一轮又一轮，只不过没有什么效果，而且马化腾的身体在这个时候也出现了问题，一连做了两次腰椎手术。

但是更严重的打击是马化腾对 OICQ 的命运担忧。一连进行了多场谈判，投资商也见了很多，却始终没有谈妥，这让他对 OICQ 的未来有些担忧。不过转机最终出现了，最后，马化腾将目标定在了 IDG（International Data Group，即美国国籍数据集团）和 PCCW（Pacific Century Cyber Works Limited，即电讯盈科）。马化腾之所以选择这两家公司，是因为它们比较符合马化腾的要求。另外，曾李青在这两家公司的朋友也帮了他们不少忙，经过几轮艰苦的谈判，这两家公司终于决定投资腾讯。

两家公司的投资可以说缓解了腾讯的危机，马化腾也松了一口气，可以抽时间去养病。2000 年年初，两家公司一共为腾讯注资 200 多万美元。同时，它们也各自拥有了腾讯 20%的股份。

在和这两家公司谈判的时候，其中 IDG 的负责人曾问马化腾："你觉得你们产品的核心价值是什么？"

马化腾略一思索，说道："ICQ 卖了 4 个多亿，那是因为他拥有数以万计的用户。而我的产品用户不比它少，价值也不应该在它之下。"后来，这名负责人说，正是因为马化腾的这句话，才让他决定投资腾讯。

其实还有一件事，让他们更加坚定了投资的信心。他们曾问马化腾，OICQ 的盈利模式是什么。当时马化腾自己也不知道 OICQ 要靠什么来盈利，于是他很坦然地和对方说道："到目前为止，我自己也不知道盈利点在哪儿。"马化腾坦诚的态度让投资商们觉得他是一个可靠的年轻人，是一个可靠的合作对象。

这大概就是真诚的力量。其实很多时候，不管是要结交朋友还是要寻找合作伙伴，并不需要费尽心思、用尽谋略，只需要拿出自己的真诚，坦诚地向对方陈述利与害就足够了。

其实坦诚也是在进行自我暴露，在人际交往中，向对方袒露自己的内心是建立良好人际关系的必要条件，也是取得信任的基础。当然，并不是要把所有的事情都袒露给对方，而是有选择地告知，让对方感受到自己的真诚。

真诚，意味着言行真实，意味着这个人不是在谎言中生活。在和其他人沟通的时候不会给对方留下夸夸其谈、不可信的印象。能够做到真诚的人，其人格魅力也非常出众，因为完善的人格魅力是以真诚为基础的。这对所有人都通用，合作双方也不例外。

俗话说“人无信则不立”，其实说的就是真诚、信用的重要性。人如果没有真诚，就很难处世。但是现在很多人忘记了真诚，反而热衷于尔虞我诈，殊不知，真诚才更具魅力、更有能量。

坦诚的人可以赢得对方的信任，为自己的事业构建良好的人际关系，也能引领一个人的事业走向成功。如果一个人做不到坦诚，那么也不会得到对方的信任。试想一下，如果在对方问马化腾OICQ盈利模式的时候，马化腾没有坦诚，而是以谎言代替，他可能暂时会从对方那里拿到资金，但是不会和对方形成长期合作。

心理学家认为，人们的内心都有保守的一面，但又希望得到别人的理解和信任，可是自己不愿意放开身心。但是如果过于保守、自私，只会在对方那里失去真诚，也就不会得到对方的坦诚相待。所以说，做人要真诚，因为待人真诚也就意味着守信，必然也会得到对方的信赖和理解，也就更容易获得对方的支持与合作，成功的机会当然也会比较多。

马化腾用自己的真诚为腾讯拉来了资金，使得腾讯暂时度过了危机。当然，他也知道即便融资成功，腾讯依然面临诸多困难。

在接受采访的时候，马化腾曾说：“对于创业而言，初级阶段充满困难，融资也是一大难题，不管我们对自己的产品有多大的热情，如果不能得到对方的认可，一切都是纸上谈兵。而在融资过程中，更大的困难是要双方互相取得认同，但我们遇到的局面往往是对方满意我们，但是我们觉得不合适，或者我们认可了对方，但是对方不愿意投资。”

引进了资金，也让腾讯失去了一部分股份，马化腾却并不认为这有什么不妥，他对记者这样说道：“这是理所当然的事情，中国的互联网企业几乎都经历了这样一个阶段，企业要想发展壮大，必须有资金的注入。腾讯的资金需求现在想来还让人害怕，回想腾讯的成长之路，我都不敢相信自己会有这样的壮举。而完成这一壮举的原因就是我们获得了大量的投资，因此投资商获得丰厚的回报，这无可厚非。按照之前说好的，投资商并没有干预腾讯的经营，也就是说融资并没有给腾讯带来什么变化。”

然双方约定了，对方不干预腾讯的运营，但是这大概和马化腾的坦诚也存在着或多或少的关系，因为他的坦诚让对方对他很放心。

# 第3章
# 互联网哲学：把用户群转化为消费者

## 推行品牌代理制
## ——把不熟悉的业务交给他人

股神巴菲特作为投资界的常胜将军，其必胜的秘籍之一就是：不投不熟悉的产业或公司。他的这一观念刚刚踢出来的时候，很多人嗤之以鼻，认为巴菲特太过古板。但是没过两年，那些原本骂他的人又回过头来把他当神一样来崇拜。

2000多年前的孔子也告诫弟子：“知之为知之，不知为不知。”一个人的能力有限、知识有限，不可能把所有的事情都做好，对于自己不熟悉的领域，最好是交给更专业的人去做，这样才能做到最好，也才能避免风险，实现利润最大化。

两家投资商200多万美元的注入，让腾讯暂时渡过了危机，也购置了新的设备和服务器，马化腾暂时不用为QQ（收到ICQ的律师函之后，马化腾等人把OICQ改为QQ）疯狂增长的用户担心，但是腾讯还是没有找到合适的盈利模式，依然处于“烧钱”的状态。最后，IDG 和 PCCW 也放弃了腾讯，这让腾讯再次陷入绝境，马化腾为此一筹莫展。

就在马化腾觉得走投无路的时候，命运再次垂青了他们，MIH（MIH Holdings Ltd.，南非米拉德国际控股集团）的中国区负责人网大为找上了他们。经过和马化腾等人的接触，网大为认为腾讯是一家非常有潜力的公司，只要资金充足，这家公司必定会大有作为。

后来经过对腾讯的考察，网大为和他的公司认可了腾讯。2001 年 6 月，MIH 出资购买了腾讯 46.5%的股份，收购了 PCCW 的全部股份，IDG 也只剩下了 7%的股份。为此，MIH 共支付了 3200 万美元，成为腾讯最大的股东。

这一次的合作让马化腾比较满意，大笔资金的注入解除了马化腾的后顾之忧，而且 MIH 很符合马化腾对投资商的要求它有雄厚的资金、丰富的行业经验和长远的投资方案，这也是 MIH 和马化腾的合作一直顺利进行下去的原因。

其实马化腾想从国际上拉来风险投资并不难，只是他的“投资商不能控股，不能干预公司运营”的原则，让很多投资商望而却步。可能也正是这个原因，马化腾的腾讯比其他互联网公司走得更加长远。

虽然有了 MIH 巨额资金的注入，但是马化腾还是没能建立起有效的盈利模式，这个时候制约腾讯盈利的一个主要原因是收费渠道。也就是说，马化腾虽然拿到了数千万美元的资金，但是腾讯依然在“烧钱”。

当然，这并不是说腾讯没有任何盈利，其实在 2000 年下半年的时候，腾讯开通了广告业务，而且不到半年时间就有了 100 多万元的收入，不过这点钱和 QQ 庞大的支出费用相比，简直是九牛一毛。

不得已，马化腾只能更加拼命寻找适合腾讯的盈利模式。最后，腾讯开始全力推出各项网络服务，全面发展收费会员。当时，QQ 在全国的会员不过 3000 多人，这和上亿的注册会员相比简直不值一提。对此，马化腾认真分析了原因，造成这种局面有两方面的原因，一是 QQ 的功能还不够健全，二是服务费支付困难。QQ 推出的网络服务收费并不高，每个月仅需 20 元，对大多数人来说并不高，但是也没有谁会为了这点钱去银行排长队。可以说，是金融业发展滞后制约了网络业务的发展。

为此，马化腾只能另外开辟新的盈利渠道。经过分析，他认为腾讯的品牌授权更容易让他赚到钱。马化腾还因此创下了得到 10% 代理费的纪录，当时最著名的 Hello Kitty 的代理费也不过 5%。当时根本没人意识到腾讯的那只小企鹅会这么赚钱。多年之后，马化腾谈起这段经历，依然很兴奋："对方非常有诚意，他们到我们办公室之后，就将几十万元摆在了办公桌上，然后才跟我谈，我就是望着那摞钱和他们谈成的。"

说道品牌代理，就是将已经成熟的产品商标授权给代理商，代理商通过这个成熟品牌去开发和原来的经营项目无关的商品，然后双方按照约定进行利益分成。当时的品牌代理已经形成了一个产业，比如非常火的动漫产业加菲猫、机器猫等卡通形象，被开发出了玩具、文具、贺卡等。因为这些产品的形象都是大家熟知的、已经成熟了的品牌，有很高的知名度，所以很容易打开市场。

QQ 用户多以年轻人为主，对时尚元素包装的商品有购买欲望，因此拥有代表腾讯 QQ 形象的小企鹅自然也非常抢手。

2000 年 12 月，马化腾和广州的一家品牌代理商签订了合约，正式授权这家企业运营 QQ 的小企鹅形象。在得到授权之后，这家企业主要对小企鹅进行玩具产品开发，并在第二年 10 月在广州商业区开了一家专卖店。马化腾还利用网络优势，使用QQ信息提示系统对全国的QQ用户发送产品广告，并告知广大网友QQ衍生产品可以在全国各地的网吧进行购买。由成熟品牌催生的新产品受到了消费者的热捧，代理商赚得盆满钵满，马化腾也因此获利不少。随后，代理商又开始向服装、饰品等方向发展，而且专卖店开始在全国各地开了一家又一家。当然，腾讯的收入也是水涨船高。

后来有人说过马化腾，QQ衍生产品交给代理商运营，腾讯就少赚了很多钱，但马化腾则不这么认为，他解释说："对于衍生产品，我们没有这方面的概念，如果不是代理商找上门，我们甚至不知道这个行业的存在。因此，我们也没有能力做好QQ衍生品的开发和运营，当时如果自主经营，说不定还会出现亏损，风险还是存在的。而且最主要的是，腾讯团队是技术型团队，我们的精力都放在了技术工作上，软件开发和玩具设计相差太远。当时我们只能把全部时间放在技术工作上，进一步完善QQ的功能，衍生产品的自主经营我们根本没精力考虑。"

当然，QQ衍生产品的热卖也让QQ的形象更加深入人心，就这样，虚拟市场和实体产品形成了一个良性循环。

马化腾的选择无疑是对的，对于自己不熟悉的行业最好还是交给专业的人士去做，这样可以最大限度地降低风险，也可以最大限度地赚取利润。

在波诡云谲的商业大潮中，商人做出的每一个决定都非常谨慎，因为他们知道，一旦行业踏错，将会付出惨重的代价。所以，对于不熟悉的行业一般不会轻易涉足。

马化腾不涉足QQ衍生产品，一方面确实是因为没精力，另一方面也是因为不熟悉，所以他才会把产品代理全权交由代理商处理。这样不仅可以避免风险，还可以让腾讯团队更加专注于本身的技术工作，也可以使衍生产品更加专业地走向市场，扩大腾讯的影响力。因此，品牌代理看似让马化腾损失了一点眼前的利润，但总体来讲，还是利大于弊。

## 移动梦网闪亮登场
## ——要借力，又要掌握自己的命运

犹太法典《塔木德》中有句箴言："没有能力买鞋子时，可以借别人的，这样比赤脚走得快。"犹太经济学家威廉·立格逊说："一切都是可以靠借的，借资金、借人才、借技术、借智慧。这个世界几乎已经准备好了一切你所需要的资源，你所要做的仅仅是把它们收集起来，运用智慧把它们有机地组合起来。"当然，借力发展壮大自己可以，但不可以把自己的命运交到他人的手上。

2001 年，马化腾和腾讯迎来了春天，中国移动推出了"移动梦网"（就是由运营商构筑的手机上网的平台）业务。从此，网络服务的费用可以通过手机代为收取费用。移动公司也和网络服务商达成了"二八分账"的协议，就是运营商拿两成利，网络服务商拿八成。

其实在此之前许多 QQ 用户就已经表现出了对 QQ 虚拟产品的热衷，也有购买欲望，只是苦于没有方便快捷的付款方式，才使得这一方面的业务始终进展缓慢。因此，在移动梦网正式面世之前，马化腾就开始积极接触中国移动广州分公司，希望对方能够提供网络服务费用的代收费服务。因此，当移动梦网决定在全国范围内推出时，至少在深圳，马化腾是最早得到消息的网络服务商。所以，在广州移动正式推出移动梦网业务之后，腾讯的运作团队就已经开始全面运作，并在 2000 年 4 月和广州分公司草签了合作协议。等到移动梦网正式上线时，腾讯当时成为最大的赢家。

2000 年 12 月，移动梦网正式上线，先期在广东试点，随后全国各地相继跟进。在这之后，曾李青带领市场部的员工奔赴全国各地，和当地的移动公司洽谈合作事项。终于，腾讯公司在经过几次“死亡”威胁并投入数千万美元之后，开始实现整体运营的经济效益。2001 年底，腾讯公司整体运营纯收益突破千万元大关。

收费渠道的建立让腾讯公司的发展迎来了新的高潮，也让马化腾看到了未来的曙光。在移动梦网推出后不久，马化腾趁热打铁，凭借腾讯强大的技术优势，开发了一款互联网无线服务产品——移动 QQ。由于腾讯原本就有庞大的用户群，这款新的产品一经推出就取得了巨大成功。根据中国移动的监测数据显示，移动 QQ 占据移动梦网业务总量的比例一度达到 74%。

虽然移动梦网给腾讯带来了巨大收益，但是马化腾并不认为互联网无线服务是长久之计。一方面是当时的市场不够规范，隐患太多；另一方面，这种经营模式会受到运营商的诸多限制，服务商的自主程度被严重弱化。因此，马化腾认为将公司的中心放在无线网络服务上，风险太大。所以，马化腾有意识地加强了开拓更多的盈利渠道。从腾讯接下来的财务报表中不难看出，腾讯公司在无线服务方面的收益比例在逐步减少。

从后来的情况不难看出，马化腾对市场的判断非常准确，因为没过多久，中国移动就开始对无线服务市场进行大力整顿，众多网络服务商陷入了“寄人篱下”、不得不服的境地，可以说非常的被动。搜狐在此期间就被中国移动处以罚款，张朝阳也只能无奈表示服从处罚。马化腾则因为及早做出了应对，所以受到的损失比较小。

无线网络服务的弊端进一步暴露，马化腾虽然没有放弃这一块，但在腾讯整个业务范围内，这一块还是被马化腾边缘化了。

移动 QQ 给腾讯带来了不菲的收益，但是马化腾不曾放松对市场的警惕。在接受采访的时候，马化腾也说过："移动 QQ 收入占公司总体收入过半，这并不是什么好事，这让公司形成了一种单一的盈利模式，和我的发展计划有悖。另外，这也是一种很不稳定的业务模式。因此，我很早就开始考虑下一个腾讯 QQ 的收益增长点了。"随后，马化腾就积极拓宽腾讯 QQ 的盈利渠道，先后推出了 QQ 音乐、QQ 短信铃声和综合性网络游戏等，对于无线网络服务这块业务则进行了主管调控。

最终，事实也印证了马化腾当初的设想，中国移动在利用众多网络服务商壮大了相关领域的实力之后，在 2006 年，它自身的无线网络服务技术也趋于成熟，并开发出了自己的即时通信软件——移动飞信。随后，移动公司宣布将于同年 12 月 29 日终止和所有网络服务商的合作，并推出飞信业务。当然，移动公司并没有足够的客户基础，不得已向马化腾抛出了"橄榄枝"，希望移动飞信可以和移动 QQ 实现无线平台对接，作为交换条件，移动公司可以和腾讯续约半年，不过"二八分成"的协议要改成"五五分成"。

占据市场份额过半的马化腾并不愿意和移动分享客户资源，但是还需依赖移动，不得不进行妥协，但是马化腾不想就这样被对方牢牢控制，将协议改为腾讯和移动联合开发无线网络服务产品，取名为飞信 QQ。马化腾将移动 QQ 的用户无偿转移到新产品的平台上，而移动公司则给了马化腾半年自主运营的时间。这样，腾讯公司自主研发的无线网络服务产品——移动 QQ 成为历史。飞信 QQ 上线之后，借助移动 QQ 的资源，用户迅速增长，在 2008 年突破千万用户。而此时的马化腾已经全面转战到在线 IM 产品的开发和运营中了。

马化腾和移动的关系可以看作“互相利用”，其实在企业发展中难免会出现这种局面，因为一个人、一家企业的力量毕竟有限，单靠自己的力量是无法打天下的，要想取得成就，必须要借助外人的力量。

三国时期，吴主孙权有这样一段话：“天下无粹白之狐，而有粹白之裘，众人所积也。夫能以驳致纯，不惟积乎？故能用众力，则无敌于天下矣；能用众智，则无畏于圣人矣。”这段话的意思是，善于借助他人力量的人，常常可以击败竞争对手；善于借助他人智慧的人，可以和圣人一比高下。

正所谓“好风凭借力，送我上青云”，商战之中，各种利害关系错综复杂，这就需要借助他人的力量来转嫁、降低自身的风险，达到预期的目标。反之，如果没有这种能力，只靠单打独斗，很多事情将无法推进，更别说取得什么成就了。当然，借力是一回事，但不能过度依附对方，丧失自主，马化腾就特别强调这方面。

在马化腾看来，任何时候都要充分保持和体现自己的创业自主性，如果迫于对方强大的压力而违背最初的发展计划，离失败也就不远了。马化腾强调过，创业确实有一定的运气成分在里面，但是当公司走上正轨之后，就需要自身的坚持和不懈努力。如果在成长的过程中，哪怕只有一次放弃，可能大家就看不到今天的 QQ 了。

在马化腾的领导下，腾讯不断发展壮大，其成功有许多偶然因素，但也有其必然性。因为马化腾对于 QQ 有很强的自主性和忠诚度，他本身是 QQ 产品的设计师之一，而且还是 QQ 的忠诚用户，也是 QQ 的体验师，每当 QQ 产品推出之后，马化腾都会第一时间体验，然后提出更专业的意见，来不断完善和改良 QQ 产品。因为马化腾明白，中国互联网市场用户众多，也造就了众口难调这一局面。当然，用户也是格外挑剔的，如果软件功能不稳定、不健全，或者有一些其他不好的因素，都会造成 QQ 用户的流失。

后来，腾讯也确实发生了一些事情，造成用户流失，舆论攻击，差点陷入覆灭的境地。所以说，腾讯能够成长至今日，离不开马化腾和腾讯团队二十年如一日地专注于 QQ 的开发和完善上。

## 遭遇收费风波

### ——领导者要有果敢的决断力

在瞬息万变的商场上，经常要面临各种选择，当选择出现的时候，要有当机立断的气魄，果断做出选择。虽然做出选择有可能失败，但也有可能成功。如果犹豫不决，错失良机，等待的只能是失败，正所谓：当断不断，反受其乱。

果敢决断是一个人做事的基本素质之一，决断力也是一个人成功的基本，是做事不可或缺的能力。

随着 QQ 用户的不断增长，腾讯毫无疑问成为了国内 IM 行业的巨头。QQ 用户的不断增长确实让腾讯的影响力不断扩大，但是公司的投入也在不断增大。另外，随着市场的逐渐饱和，QQ 用户的增长势头也在一点点减弱，新产品的开发和推出也需要一个过程，因此马化腾等人的收入也在一天天减少。在这种情况下，马化腾想要尽快找到新的收费模式。

他们早先已经有了广告收入这个盈利模式，只是广告收入微薄，一直没能成为理想的盈利模式。后来他们又想到了会员制，并在2000年11月推出了名为"QQ俱乐部"的会员服务，向付费会员提供免费用户享受不到的服务，包括具备网络收藏夹和好友列表保存等功能，而且还能选一个比较好记忆的"靓号"，会员费用每月10元。

这项业务被腾讯寄予厚望，曾李青还专门印制了数十万张名片大小、带有QQ号码和密码的"腾讯会员卡"，雇人在闹市区和学校派送。虽然经历了强力推销，但是效果很惨淡，每个月只有几百名用户加入，收入也只有区区数万元，忙碌了几个月也只发展了3000余名用户，这让马化腾和腾讯感到非常沮丧。

在这个过程中，腾讯还推出了另外一个收费业务——QQ号码注册收费，这个业务的推出让腾讯陷入了无尽的舆论旋涡。

在马化腾看来，QQ注册收费的时机已经成熟。当时IM市场份额绝大部分被腾讯占据，很多人已经习惯了将QQ作为沟通工具，甚至一些公司和部门都将QQ作为工作工具。新的用户想要融入这个环境，就不得不花费一定资金注册使用。这是马化腾等人分析之后得出的结论。

但是QQ收费的消息刚刚发布，就引起了广大网友的强烈不满；而且QQ收费业务一直在延伸，这让网友反对和谴责的声音不断高涨。7月，有网友在网上发帖"腾讯QQ，你做得太绝了"，文章措辞很严厉："假如还有第二家可以与QQ对抗的在线即时通信软件，腾讯推出的这种不受用户欢迎的注册方式代表着自杀。"作者还在网上号召大家抵制腾讯的收费行为，作者称："这可能会使腾讯在收费的路上走得更远，可能将来登录 QQ 都要付费，甚至发送一条消息都要收费，如果没有谁能阻止腾讯，这并不是没有可能的，垄断可以滋生一家企业无止境地从用户身上剥夺利润的欲望。”这篇文章被多家网站转载。

后来，还有网友指出，注册 QQ 号码的时候，系统会提示为“服务器正忙，请稍后申请”。但是这名网友一连注册多次，得到的系统提示内容都是如此。随后，网友不得不拨通腾讯公司的客服电话，得到的答复是早 8 点到深夜 2 点注册用户太多，导致服务器繁忙，所以很多用户无法注册成功。于是，这名网友又在这段时间以外注册了几次，得到的仍然是“服务器正忙，请稍后再试”。而且是在网友提交申请之后立即出现这样的提示，根本没有任何反应时间。这名网友称，后来他了解到网上传的腾讯 QQ 注册收费方面的新闻后，才知道 QQ 已经无法免费注册了。这名网友在帖子里接着写道。QQ 注册收费本身已经很让人不爽，更让人觉得不能接受的是腾讯居然没有把真实的情况告知网友。

这名网友还指出，在中国，腾讯 QQ 在即时通信领域已经形成垄断地位，已经没有了竞争者，所以腾讯才敢把收费的主意打到消费者头上。该网友对此进行了深刻的剖析，强烈谴责腾讯店大欺客，并呼吁广大网友认清事实，抵制腾讯的收费行为。

这名网友的分析不无道理，当时在国内，腾讯曾经的竞争对手 PICQ、网际精灵等已经彻底落败，退出市场。

后来，对腾讯的讨伐发展到了纸媒上。当时北京销量最大的都市消费类周报《精品购物指南》以几乎一整版的篇幅刊出了《要学邮箱注册收费，腾讯上演东施效颦》一文，作者亲身体验之后写道：“早、午、晚、夜四个时段，各花了 20 分钟在网页上进行注册，全部失败。因此，有理由怀疑腾讯在服务器上对页面注册进行了限制。”文章对腾讯表示出了强烈不满：“网民对腾讯的做法很伤心、很恼火，有网友说：‘我们已经容忍了腾讯弹出式的广告和窗口闪烁的广告，现在又用这种方式来增加收入，而且事先并未进行任何沟通，实在太不光明磊落了……，腾讯公司在不恰当的时候，以不恰当的方式，在不恰当的项目上收取费用，以至于遭到网民的非议。也许，腾讯该反思一下了。”

这篇文章让腾讯一下子处于舆论的风口浪尖，马化腾在这个时候却保持了沉默，当然这和他的性格有关，他不是一个擅长应对媒体的人。

在这个时候，出现了更让人哭笑不得的事情，在腾讯 QQ 号码免费注册的页面上找不到“确认”按钮了，而收费注册的按钮却突兀地出现在了页面上。腾讯的这一行为，让广大网友更加不满。

后来，陈一丹受命起草了一份“公开信”回应此事。腾讯在公开信中为自己辩护：“参考国外其他互联网即时通信服务商的新注册用户数量指标后，我们有理由认为，注册用户过多，是对免费资源的极大浪费。有鉴于此，腾讯才开始对用户注册数量进行限制，把每天的放号量放在 20 万~30 万……”

这篇公开信没有起到息事宁人的效果，反而让一些人认为“是傲慢而无理的狡辩”。这时，在腾讯内部也出现了要不要继续收费分歧，有些人害怕腾讯会被“口水”淹死，但有些人则坚持继续收费。马化腾最后决定将收费进行下去，他认为“移动梦网”让腾讯的业务有了起色，但是充满不确定性，腾讯必须找到新的盈利模式。马化腾认为，腾讯不会被“口水”淹死，而会因为没有好的盈利模式而死掉。

在漫天口水中，2002 年 3 月，腾讯宣布将实行“QQ 行靓号地带”业务，出售 QQ 号的使用权，用户选择这项业务，就可以获得

5 位、6 位、8 位靓号或者生日号的使用权，并享用 QQ 会员功能。9 月，该项业务正式推出，每月收费 2 元，免费号码和一次性号码申请基本停止。

腾讯的这些收费项目引发了用户的不满，也给自己引来了竞争对手。就在“QQ 行靓号地带”正式发售的 9 月，一家叫朗玛的创业公司推出了朗玛 UC 客户端，这也是一款即时通信软件，其功能不比 QQ 差，所以，一经推出就受到了广大用户的喜爱，短短三个月的时间，注册用户就达到了 800 万个。在朗玛 UC 面世之后几个月的时间里，各大门户网站纷纷推出自己的即时通信软件——网易泡泡、新浪聊聊吧、雅虎通等，市面上一下子出现了 30 多款类似产品，开始对腾讯进行围剿，趁机侵吞 IM 市场份额。

就这样，腾讯 QQ 的用户注册数量大幅减少，原有的用户也在不断流失，总体营业额不断下滑，甚至估价也出现了下跌的迹象。

面对这种情况，马化腾终于意识到自己高估了 QQ 的价值，也低估了用户对 IM 产品的需求和认识程度。2003 年 6 月，马化腾决定重回免费之路。随后，借助“庆祝移动 QQ 三周岁生日”为名，马化腾宣布新开通移动 QQ 的用户可以获得免费长期使用的 QQ 号码一个。两个月之后，腾讯开始重新开放免费注册。

不过群狼围攻腾讯的态势已经形成，在之后的两年多时间里，腾讯一直对此疲于应付。

腾讯的这次失误是因为马化腾高估了 QQ 的价值，也与他犹豫不决有很大的关系。犹豫不决是每个成功人士的大敌，作为成功人士，要有雷厉风行、果敢决断的气魄，遇到事情要积极面对，并迅速做出决策。

当然，做出正确的决策确实不容易，而决策失败也会给企业带来损失。但是，关键时刻不能果断决策，由此贻误时机比错误决策带来的损害更严重。所以，作为企业负责人，要杀伐决断，优柔寡断只会贻误战机，害死自己。

## 企鹅长大，香港上市
## ——努力做到第一才有竞争优势

要么不做，要做就做第一，这是许多成功者的信条。无论做什么事情，都应该追求极致的效果，只有这样，才有抵御风险的能力，从而在竞争中保持优势。只有做到最好，才能占领更多的市场，利润也最大。

哈佛大学的教授在讲解竞争的时候讲过这样一个故事："有一匹赢得很多比赛的赛马，虽然它为主人赢得了超过 100 万美元的奖金，但是它真正参加比赛的时间加起来也不过一个小时。一天，主人决定将它出售，开售价格比获得亚军的赛马高出 100 倍。为什么差距这么大？因为它是一匹好马。这其实就是第一名和第二名的差距体现。"

在众多竞争领域，把赢家和入围者区别开来的就是这种差距。比如一场短跑比赛，从最后的结果看，亚军和冠军相差不过百分之几秒，但他们在享有的名誉和利益方面相差甚远。所以，只有那些敢于永争第一、力求做得最好的人，才有更多的机会成为最后的胜利者。

MIH 的资金注入之后，腾讯开始了稳步发展，在不断巩固已得市场和全力开发盈利模式的同时，马化腾还在积极筹划另外一件事——上市。

其实马化腾本人对于上市的意义并不太清楚，只是觉得“是个公司大概都要上市”。另外，对于选择哪一家承销商，马化腾也没有什么概念，在与高盛的刘炽平见面之前，马化腾也接触过一些投资银行，比如摩根、梅林和瑞士银行等，所得到的建议大同小异。

刘炽平给马化腾得第一印象是，他是自己见到的香港人中普通话讲得最好的一个。另外，刘炽平的名片上还印着一个 QQ 号码，这让马化腾感到很亲切。在接下来的谈判中，刘炽平给予马化腾两个建议，也让马化腾认准了刘炽平。

首先，刘炽平认为，腾讯现阶段的收入太过依赖“移动梦网”，这是一种“寄人篱下的业务模式，会让投资人觉得缺乏可塑性，对未来没有信心。所以，腾讯要想上市，在公开募股的时候，应该强调网络效应，挖掘工具的发展潜力”。刘炽平的这一认识和马化腾不谋而合，让马化腾有种找到知音的感觉。

另外，刘炽平还认为，腾讯在估值上应该保守一些，然后慢慢把公司的价值做出来，这比一下子把市值拉高更有利于腾讯的发展，也可以让那些购买了腾讯股票的股民享受增长的福利。后来，马化腾说：“刘炽平的这一想法与腾讯的风格比较接近，而之前见过的承销商们都给出了进取的估值，这让我有一种被忽悠的感觉。”

刘炽平真实态度给马化腾留下了很好的印象，也让他决定把上市的事务交给高盛。其实在和马化腾接触之前，刘炽平也做了大量工作。在刘炽平拿到这个项目之后，他就要求负责本案的同事们首先申请一个 QQ 号，进行亲身体验。也许是这种务实的态度，才让他和马化腾碰撞出了不一样的火花。

在谋划上市的过程中，还有一个选择引起了腾讯高层不小的争执，那就是选择在哪里上市——是香港联交所，还是纳斯达克。

当时，中国绝大多数互联网公司选择了在纳斯达克上市，那里被公认为“全球互联网的摇篮”，之前的新浪、搜狐、网易无一例外在这里选择上市。最后，马化腾却选择了在香港上市，对此，他有着自己的考虑。

在一次和记者的谈话中，马化腾说：“当时的承销商有 13 家，6 家建议在中国香港上市，4 家建议在美国上市，另外 3 家建议在两地同时上市。首先我尊重承销商的建议，而建议在香港上市的 6 家占了绝大比例。但还有更重要的原因，第一，腾讯远离美国市场，那里的人对腾讯比较陌生，不大可能为腾讯买单。香港则更接近腾讯本土市场，香港的分析师和股民显然比美国人更了解腾讯。另外，一家服务于大众的公司，它的上市地点越接近本土，就越能反映出它真实的价值。当然，在香港联交所的估值不会比纳斯达克高，但是也可以避免股票出现大起大落的状态，这对于追求持续增长的腾讯来说更有利。

第二，在美国上市会面临众多互联网公司的围剿，竞争对手太多，腾讯在那里没有优势，而且很容易水土不服。但是在香港就不一样了，腾讯将成为第一家在香港上市的互联网公司，而且只要我们努力，一定可以成为行业龙头。

第三，腾讯在香港上市还会带来另一种可能，就是作为红筹股，它以后很可能有机会回归内地市场，毕竟最了解腾讯的还是内地市场。只是当时内地证监局对互联网公司封闭了申请窗口。”

除了这三条与市场有关的原因之外，马化腾还有其他考虑，那就是员工期权的兑换。在腾讯成立之初，马化腾就对早期的核心员工承诺了期权，马化腾想要以较低的价格在上市之前完成购买，这在美国资本市场会被看成是“降低公司利润的不恰当行为”，但是在香港则非常普遍。出于对员工利益的考虑，马化腾也倾向于选择在香港上市。

有道是“宁为鸡头，不做凤尾”，马化腾可谓深谙其道，当然他的决断也为他带来了丰厚的回报。腾讯上市之后，互联网的魔力再次展现，也证明了马化腾的选择没有错。腾讯股价即报收超过发行价格的18.24%，最高达到25%，经过一天的股市交易，腾讯股票最终以超过IPO12.16%的价格收市，股票成交额为19.47亿港元，风靡一时。

腾讯的上市也谱写了腾讯人的财富神话，包括马化腾在内，一共造就了5个亿万富豪，7个千万富豪，持有腾讯期权的公司高管也都有不同程度的获利。其中，马化腾持股14.43%，股值8.98亿港元；张志东持股6.43%，股值4亿港元；陈一丹、许晨晔和曾李青共计持股9.87%，股值合计6.14亿港元；腾讯另外七位高管共持股6.77%，股票总值4.22亿港元。从此，腾讯跻身中国互联网行业巨头行列，马化腾也成为中国的财富新贵。

当然，在这次上市中，获利最大的是持股最多的MIH，对腾讯的投资，也成为这家公司最成功的一笔海外投资，而IDG和PCCW只能扼腕叹息。

腾讯上市之后，马化腾募得了海量资金，腾讯开始走上迅猛的扩张道路。在上市之初，马化腾就已经建立起全面布局和快速发展的经营策略，分别向无线增值、互联网增值、互动游戏和电子商务等方面延伸。马化腾当时表示：“腾讯在不久的将来，将不仅仅是一个聊天工具，在这个品牌背后，还将集门户、搜索、游戏和电子商务于一身，力求为QQ用户提供一站式服务。”

要么不做，要做就做第一，因为第一有着不可比拟的优势，有着强悍的竞争优势。物理学家丁肇中曾说过：“没有人记得谁是第二个发现了相对论，要做就做第一。在自然科学研究上，第二名就是最后一名。”这句话在一定程度上反映了社会的残酷性，但事实确实如此，因为人们的头脑中只记得第一，没人在乎第二以及第二之后。

在市场竞争中，企业品牌是否是第一，或者是否具有成为第一的要素，将决定这家企业能否快速进入和占领市场，取得优势。只有做到了最好，才能占有最大的市场，获得最高的利润。

## 云服务成就亿级俱乐部
## ——经营者要有格局思维

在互联网发展的各个阶段，多个方面出现了变革。而说到存储，就必须从云计算的诞生开始说起。云计算这种概念是由谷歌公司提出的，其狭义的解释是指 IT 基础设施的交付和使用模式，即通过网络以按需、易扩展的方式获得所需的资源；广义的解释是指服务的交付和使用模式，即通过网络以按需、易扩展的方式获得所需的服务。

腾讯很快将眼光放在了微云上。在明确了微云的优势和潜力以后，马化腾迅速出手，眼疾手快，拿下了微云这块香甜可口的大蛋糕。腾讯选择微云，就是看中了微云用起来简单、方便、快捷的特点。举一个例子，一个家庭里组建起来的一个接入云计算的接入点，就可以被称作微云。无数个这样的微云分支就组成了一个庞大的云计算系统，大大方便了人们的数据储存和数据移动。

2012 年 7 月 12 日，腾讯微云横空出世。它集微云网盘、微云相册、微云传输、微云剪贴板等功能为一身，让用户体验起来大呼过瘾。微云的推出基于微信的平台，一出现就拥有了庞大的用户群，而且用户量每天都在快速地增长。

“免费”这个词一直都是腾讯的撒手锏，而这一次，腾讯的微云服务依然免费。刚开始，大家都认为腾讯只是用“免费”的手段来吸引用户的目光，当用户到达一定数量后腾讯就开始收费。广大用户也做好了腾讯收费的准备，毕竟如此便捷的储存方式肯定需要庞大的投入，腾讯收取一定的费用也是理所应当的事情。但是，腾讯用行动告诉大家，你们都想错了。马化腾并不是站在商家的角度去决策的，而是从满足客户需求，诚心为用户服务的出发点制定的发展策略。对腾讯来说，这种“免费”的行为看似吃亏，但是这在用户心中的分量更加稳固，实际上这是用户和商家之间的双赢。

互联网产业终究需要长远眼光和大格局思维。想在互联网产业稳健发展，就不能在意某一个产品的盈利，要把眼界放在时代的大背景下来审视盈利的问题。在互联网时代，以诚信满足客户的营销思路才是这个网络时代的可行之道。互联网时代，企业设计产品应该从客户的体验和感受出发，腾讯推出的微云免费存储空间，恰恰就是诚心为用户服务。

腾讯的诚心得到了用户的支持。2013 年 5 月 8 日，腾讯正式对外宣布旗下云存储服务产品——微云用户数突破 1 亿，正式迈入“亿级俱乐部”。而这只是开始，微云的用户仍然在以一种不可思议的速度增长，随后公司很快推出微云 2.0 版本，随着这一版本的发布，微云用户数很快就成功突破了 3 亿大关，成为个人云存储领域用户最多的产品。继微信速度之后，腾讯又创造出了“微云速度”。

微云的成功还在于腾讯坚持不断地创新精神，比如微云2.0版本中推出了一系列创新点，除了在升级文件传输与备份的基本功能外，还新增了云笔记功能，方便用户记录购物清单、备忘录和讲课笔记。新增扫描二维码的功能，临时文件功能，内置QQ影音内核，都赢得了用户的拥戴。微云的重心不仅仅在扩容上，而是包括升级服务体验，微云2.0的全能收藏，意味着云存储将不再只是微云的唯一身份。微云的新功能，很大程度上丰富了微云的服务体验，应用体验也更加深入用户的内心。

2013年8月28日，腾讯微云又做出了让世界震动的举动，正式推出10T免费云空间服务，最大单文件上传容量达32G的云空间。由此，个人云存储从“G时代”进入了“T时代”，腾讯成功打造了个人云存储服务的标准。并且，腾讯微云通过QQ和微信这两大平台的底层植入，可以让用户直接通过QQ、微信、QQ邮箱、Qzone等，随时上传或下载文件，腾讯微云的风头一时无人能及。

在互联网领域，有用户的领域就会有残酷的竞争。伴随着微云领域的不断发展，各个互联网企业纷纷推出了自己的网盘服务。2013年是网盘竞争最为激烈的一年，360云盘推出容量升到T级别，并由此引发了网盘容量上的拼争。一番炮火轰鸣之后，百度云、腾讯微云等也纷纷加入这场战役。在这场争斗中，腾讯的优势就显现了出来，其此前推出的微云2.0版本让用户感受到了众多贴心服务，这反过来为腾讯吸引了大量的用户。而腾讯一直坚持免费微云的策略，更是帮助它在这场争斗中赢得了民心，直到360再次推出无线永久免费存储空间，才暂且平息了这次争战。

作为互联网产业的巨头，腾讯的成功并不是偶然。马化腾作为腾讯公司的总裁，其互联网思维更是值得借鉴，其对用户感受的敏感洞察，对网络市场走向的犀利观察和果断决策是每一个有志于互联网人应该学习的。

在互联网领域，产品好，有创新，用诚意打动用户才是争夺用户的王道。那些只能通过一时的优惠政策吸引客户的企业终究会被用户淘汰，只有像腾讯这样的企业，才能够不断在网络存储领域为用户带来惊喜和感动。

# 第4章
# 平台思维：创建开放、共享、共赢的网络生态

## 自立门户，赢得未来
### ——独立自主才能实现自强

很多时候，我们愿意躲在别人的背后，让对方帮我们遮风挡雨，或者依附在他人身上，尽量规避风险。这样做可能会让我们少受伤害，但是也失去了自主，只能依赖对方，受制于对方。所以，要想做到自强，首先要独立自主，把命运掌握在自己手里。

借助网络服务商强大起来之后的中国移动随后就开展了清逐行动，这场清逐行动大致从2004年下半年开始，中国移动接口内容服务商整顿，将合作的大门就此关闭。中国移动的这次行动虽然将网易和腾讯等网络服务商挡在了门外，但是他们自己的创新发展也受到了一定程度的限制。虽然靠着政策的庇护他们赚得盆满钵满，但是网络服务商却从来没有放弃过对他们垄断地位的挑战。

在中国移动驱逐网络服务商的过程中，联交所的腾讯股价也在低位徘徊，投资人也信心缺失。为了表示信心，腾讯董事会不得不在 2005 年 4 月宣布回购已发行股本 10%的股票，按当时的股价，腾讯需要支付 9.74 亿港元。到了 11 月，腾讯不得不再次宣布回购股票，这次耗资 3000 万美元。

2006 年，中国移动开发出飞信之后，对腾讯的挤压就更明显了，他们提出了一系列苛刻的条件，要求腾讯的移动 QQ 与飞信进行业务合并，并实现互联互通。不过腾讯以调价不成熟为理由拒绝了中国移动。

在被中国移动驱逐的日子里，腾讯赖以获利的无线增值业务受到了空前打击，损失惨重，而且他们自己也不得不多次回购股票，以彰显信心。2006 年 3 月，腾讯宣布第三次回购股票，回购金额最高达 3000 万美元。

被中国移动驱逐，也让马化腾认识到了占据“入口”在信息产业中重要性：谁拥有了“入口”，谁就拥有了话语权和资源配置权。马化腾后来对拥有入口级产品的企业十分警惕，其教训及心得也是来自于此。

被通信运营商驱逐的网络服务商们可谓慌乱不堪，网易从“梦网”中及早抽身，向游戏业深入发展，而有着“SP（移动网信息服务业务）之王”之称、刚刚在香港上市的 TOM 则损失惨重，为了获取利润，他们后来甚至推出灰色业务，曾在北京郊外租了一栋房子，雇了上百名女子，通过 1259* 的电话号码进行陪聊服务。这也不过是饮鸩止渴，没几年，TOM 就彻底倒闭了。

和这些倒闭的网络服务商相比，腾讯的损失算小得多，这是因为在过去几年里，马化腾对 SP 业务始终保持着一种克制的态度。而且马化腾在很早的时候就开始布局游戏和门户等业务，虽然当时业绩并不出众。

受到业绩的压力，无线业务部门想要进行自救，市场营销部甚至提出了一个折中的方案：如果担心灰色收入影响腾讯的声誉，可以在体系之外收购或者另建一家新公司。如此一来，即便出了问题，也查不到腾讯的头上。不过这一提议最终被马化腾否决。

后来腾讯还找到联通，想要改换门庭，和联通进行合作，不过联通当时的经历主要放在 CDMA 业务上，而且他们自己开发的即时通信软件“超信”也即将上市，也就是说，QQ 对联通的利用价值并不大，所以他们拒绝了腾讯。

马化腾后来回忆这段经历时说：“那时候真的很难，看上去似乎无路可走。短信是我们的主要的收费渠道。后来经过再三斟酌，我决定重新回到腾讯的核心能力上，利用 QQ 资源，在移动市场上重新布局。”这就表示，马化腾想要自立门户，彻底摆脱别人的控制，开始走上自主自强的道路。

在确定要自立门户之后，腾讯迅速开发出了超级 QQ 和手机 QQ 两大产品。超级 QQ 是进化版的移动 QQ，它对用户提供短信包月服务，每月费用为 10 元。腾讯将它与电脑上的 QQ 号码实现无缝对接，提供菜单式服务，用户可以在手机上累积长、短信设置资料，还可以收看资讯、天气、笑话等。后来，腾讯更是把 QQ 会员的特权植入，推出了 QQ 特权、游戏特权、休闲特权和生活特权四大类 100 多项 VIP 特权服务。

手机 QQ 则是安装在手机上的 QQ 软件，操作页面和电脑上的 QQ 很相似。腾讯和诺基亚、摩托罗拉等手机制造商进行合作，在这些品牌手机上预装手机 QQ 软件。在一开始，手机 QQ 每月收取 5 元服务费，后来这笔费用也被取消，所有用户可以免费下载使用手机 QQ。

可以说，手机 QQ 和超级 QQ 的推出对腾讯来说有相当重要的战略意义。腾讯借此彻底摆脱了对中国移动的“入口”的依赖，建立了完全属于自己的门户。

2007 年底，腾讯走出了“移动梦网”的阴影，移动增值业务恢复性地突破 8 亿元人民币。在这一年的圣诞晚会上，无线业务部的员工表演了一个小品：地主家的傻儿子企图强娶喜儿，最后喜儿家里凭借朴实的努力拒绝了这桩不对等的婚姻。据员工们回忆，到了剧情高潮的时候，屏幕镜头切换到了在台下观看节目的无线业务高级执行副总裁刘成敏的脸上，刘成敏咧开嘴笑得非常开心。

手机 QQ 的开发不仅让腾讯摆脱了中国移动的控制，还具有另外一个深远的意义，那就是 QQ 为腾讯在日后智能手机时代赢得了战略性的先机。在后来的几年里，无线业务部门下属的 3G 产品中心相继开发出了手机 QQ 游戏大厅、手机腾讯网、手机 QQ 浏览器以及手机安全管家，可以说是形成了一整套体系的移动门户矩阵。

很多年之后，刘成敏在接受采访的时候说，腾讯在手机短信布局和投入要比其他互联网公司早，而且是早得多。当年，乔布斯的 iPhone 还在实验室里的时候，很多人看到了它的未来，但是谁也不知道会以什么样的方式爆发，我们可以说是被逼到了一条正确的道路上。

其实不管是个人还是企业，都应该保持独立自主，将自己的命运掌握在自己手中，不要过度依赖他人。我们应该提倡独立自主的原则，坚信通过自身的努力来实现自己的目标。不要受制于他人，不要依赖于他人，因为依赖他人只能被对方牵着鼻子走，很难实现自己的目标。

英国历史学家学家弗劳德曾说：“一棵树要想结出果实，必须先在土壤里扎根。同样的，一个人也需要学会依靠自己，学会尊重自己，不接受他人的施舍，不等待命运的馈赠。只有在这样的基础上，才可能作出任何领域的成就。”

所以，一个人开始独立自主时，也就是开始走上成功道路的时候，也就是抛弃依赖、开始发挥自己潜力的时候。诚然，外界的帮助会让我们轻松许多，但更多的时候却恰恰相反，过度依赖别让的帮助，会让自己失去思考的能力，也就失去了成长的可能，当然也就无所作为。

社会上那些无所作为的人，大都是贪图省事，或者缺乏自信，不敢照着自己的意志去努力的人。凡事没有自己的主见，事事都要经过他人的同意认可才敢行动，这种缺乏独立自主精神的人，不可能有太大的成就。因此，真正的成功，就是要自主的走出一条人生之路。

## 维权打假绝不手软
## ——原则和底线不容谈判

当有人伤害到自己利益的时候，或者影响到自己合法权利的时候，就要果断站出来捍卫自己的权益。这时候万不可以妇人之仁，因为这样只会助涨对方的气焰，让自己变得更加被动。

QQ 作为最成功的即时通信软件，让许多人羡慕，也引来许多人觊觎，他们甚至对 QQ 进行模仿、修改，抢夺 QQ 用户，给腾讯造成了不小的损失，面对这种情况，马化腾没有不当他们，而是对他们进行了坚决的打击。

最先模仿 QQ 的人叫陈寿福，这是一个对软件开发很有天分的人。2001 年他就盯上了 QQ，加上当时中国知识产权意识薄弱，管理不到位，所以有人打起了改版 QQ 的主意，陈寿福就是其中之一。也就在 2001 年，他对原版 QQ 进行了修改，删去了广告功能，增加了 IP 地址显示功能，并给 QQ 改名为"珊瑚虫版 QQ"，随后就挂到网上正式发布。对于 QQ 用户来说，这款删除了广告功能的聊天软件更适合他们。

在珊瑚虫 QQ 挂到网上之后，腾讯方面就不断和陈寿福进行交涉，敦促他将软件下线。到了 2003 年，经过多次交涉，陈寿福终于答应关闭珊瑚虫 QQ 的下载网站，并写下保证书。但是仅仅过了一年，陈寿福就在 QQ 源代码基础上再次进行修改，这次的改动比第一次要大许多，然后对改动后的软件进行重新包装，并再次发布在网络上。因为陈寿福对 QQ 的版权进行了规避，所以并没有引起腾讯方面的注意，但是很快，腾讯方面发现用户在快速流失，陈寿福的产品用户却在激增，甚至有超越 QQ 的架势，这才引起腾讯公司注意。在经过一番调查，腾讯公司发现陈寿福发布的新的聊天工具同样存在着对 QQ 的侵权行为。

马化腾忍无可忍，决定通过法律途径来解决陈寿福的侵权行为。2006 年 8 月，腾讯在北京市海淀区人民法院正式对陈寿福提起诉讼。腾讯公司指出，陈寿福的行为构成了不正当竞争，严重侵害了腾讯公司的合法权益，要求陈寿福公开道歉并消除不良影响，赔偿腾讯公司的经济损失。12 月 20 日，法院对此案做出判决：陈寿福未经腾讯公司允许发布的珊瑚虫版 QQ 存在侵权行为，要求其立即停止侵权行为，并赔偿腾讯 10 万元；但腾讯状告陈寿福不正当竞争证据不足，不予理睬。

判决之后，陈寿福表示服从判决，并积极配合法院的工作，马化腾当时也想把这件事低调处理，所以并没有在公众面前提起此事，原本也以为这件事就这样解决了。但是没过多久，这件事再起波澜，让马化腾更加恼火。原本，陈寿福很配合法院的判决，也将珊瑚虫版 QQ 网站服务器关闭，但是很快他又将服务器开放，用户又可以免费在网站上下载珊瑚虫版 QQ 并使用。这就表示，陈寿福违反了法院判决中最本质的内容。马化腾知道自己的谅解善意助长了对方的气焰，他要用法律武器对陈寿福进行坚决打击。

陈寿福也是有苦难言，他本人改版 QQ 也只是爱好和方便网友使用。但是用户数激增使得许多广告商找到了他，希望和他合作。面对丰厚的报酬，陈寿福和这些广告商签订了一年合约。也就是说，如果陈寿福关闭服务器，就需要赔偿广告商大笔资金。为了躲过这一关，他就心存侥幸，重开了服务器。

2007 年，腾讯向深圳市南山区人民法院提起诉讼，这一次，腾讯把证据准备得非常充足，可谓证据确凿，很快，深圳警方于 8 月 16 日在北京将陈寿福抓获。

2008 年 3 月 20 日，腾讯起诉陈寿福一案再次开庭，虽然陈寿福的律师辩称陈寿福并没有对 QQ 的源文件进行修改，只是删除和增加了一些功能，所以不存在侵权行为，并坚持做无罪辩护，不过法院并未给予支持。当天下午，法院对此案进行判决：陈寿福因侵权和不正当竞争，被判处 3 年有期徒刑，同时处罚金 120 万元人民币。

这起案件在当时引起了极大的轰动，也加强了人们的产权意识。而且此次事件发生之后，另一个从事 QQ 软件开发的团队——飘云团队随即发表声明，明确保证将永久终止对 QQ 软件的研发。

但并不是所有的人都像飘云团队那样知情识趣。同样是在2008年，一款叫作彩虹版QQ的软件被挂在了网上。这版QQ在一年前就已经立项开发，由51.com的负责人庞东升投资组建，注册人为该项目的负责人庞静。因为这款软件同样对腾讯QQ做了一些改良，删除了一些功能，也增加了一些功能，所以上线之后很受用户的喜爱。腾讯公司很快注意到了这款软件，随后向51.com发出口头警告。11月24日，所有彩虹版QQ用户都收到了腾讯中心发来的信息，称这版QQ是非法网络，要求所有用户共同抵制使用，否则腾讯公司将拒绝继续提供相关服务，彩板QQ用户为此感到非常惊讶。

但是51.com却不为所动，继续发布彩虹版QQ。他们还积极回应腾讯的警告，称彩虹软件严格按照国家法律进行开发和推广，腾讯无权干涉。庞东升之所以敢这么做是因为他做了充分的准备，他每推出一款相关的QQ产品时都会向相关的法律专业人士进行咨询，以免触犯法律。可以说，这就给腾讯带来了更大的麻烦。

51.com可以说是对腾讯进行了全方位的模仿，腾讯每推出一款QQ产品，51.com都会立即跟进，在平台上发布类似的产品。而且51.com还从腾讯挖了大量员工，因此他们复制腾讯的作品可以说是易如反掌。

腾讯对其作出警告之后，他们反而加速从腾讯内部挖人。而且庞东升甚至公开叫板腾讯，称51.com未来几年的主要任务就是和腾讯火并市场，要进行全方位的竞争。

面对这种情况，马化腾只好再次拿起法律武器，并开始积极寻找证据，要在法庭上和51.com分出高下。不过没过多久，庞东升的态度却来了个180度大转弯，公开表明将放弃彩虹版QQ这个项目，随后，他就解散了相关研发团队，彻底结束了彩虹 QQ 的研发。

不管出于什么原因，马化腾确实在这场纷争中再次胜利，腾讯发展道路上的障碍再次被扫清，前进的道路更加顺畅。

## 与微软交锋的时刻
### ——面对强敌要敢于亮剑

在小说《亮剑》中，李云龙有这样一段话："古代剑客和高手狭路相逢，假设这个对手是天下第一剑客，明知不敌该怎么办？是转身逃走还是求饶？当然不能退缩，要不你凭什么当剑客？明知是个死，也要宝剑出鞘，这叫亮剑，没有这个勇气你就别当剑客。倒在对手剑下算不上丢脸，那样虽败犹荣，要是不敢亮剑，你以后就别在江湖上混了。面对强敌，逢敌必亮剑。"

2002 年 10 月，微软 MSN 亚洲区总经理张慧敏现身北京，她公开表示，由于政策、文化以及技术等诸多方面的原因，微软 MSN 暂时没有近期登陆中国大陆的打算。但是她同时呼吁来自中国大陆的互联网企业进行合作。而她呼吁的主要对象，其实就是马化腾的腾讯 QQ。

马化腾也了解微软的实力，但他回避了这个问题。一方面他不希望 MSN 来分夺他的 IM 市场，另一方面他不希望和微软发生正面冲突。不过，该来的总是会来。

2004年8月，在微软总部工作多年的熊明华受命回中国，组建MSN中国研发中心，他决定把中心建在上海。几乎同时，在中国工作多年的微软员工受命组建MSN中国市场中心，地点在北京，负责人为罗川。这就意味着，腾讯历史上最重量级的敌人出现了。

其实在过去两年里，有关MSN进驻中国的消息一直就没有断过。虽然微软没有组建专门的MSN中国运营团队，但是它的用户数却并不少。有机构调查显示，2005年，在没有任何宣传和本地化支持的情况下，MSN在中国即时通信的市场份额为10.58%，虽然远不及QQ的77.8%，但已是中国第二大即时通信软件。

更重要的，在2000多万商务人士用户中，腾讯用户约950万，占47%，MSN的用户约1075万人，占比53%。在过去两年里，MSN新增用户有95%是来自QQ的流失用户，这个数据报告到微软总部的时候，他们也大吃一惊。随后，在罗川等中国区员工的倡导下，微软终于决定将MSN业务独立出来、实施本土化运营。

在微软宣布了MSN本土化战略之后，从资本市场到互联网业界，很多人都认为腾讯的末日可能要到来了。据许晨晔回忆，当时还有一些人向他求证：腾讯是不是打算让MSN收购？当时网上还流传着一封以比尔·盖茨的口吻写给马化腾的信："QQ群不是社会网络，感谢QQ给中国小朋友普及了即时通信的感觉，等他们长大了，工作了，有钱了，就慢慢转移到了MSN，无缝切换。"在腾讯内部，紧张的气氛也是前所未有。不过在马化腾看来，MSN要想掌控QQ的基本盘，也并非易事。正如英国著名历史学家汤因比揭示的那样："高级别的文明体从来都是在异常困难而非异常优越的环境中降生的。挑战越大，刺激越强。"

为了应对MSN的挑战，腾讯对QQ做了大量优化，也开发了新的版本，还找到了谷歌进行合作。尽管他们做了大量工作，但是

MSN 在中国的战略行动还是让腾讯招架得颇为吃力。

2005 年 5 月，MSN 中国推出了 MSN 中文网网站，由此形成一个门户型平台，罗川将各个频道以承包经营的方式向社会招标。因为 MSN 的名声很大，迅速引来了众多专业性合作伙伴，这些合作伙伴有淘宝网、上海文广、赛迪网、人来车网、猫扑网、联众世界、指云时代、英语村、北青网等九家大型网站，罗川以合纵连横的方式，一夜之间组建起了一支“联合纵队”，当时有媒体称之为“抗 QQ 联盟”。

到了 10 月，罗川再次行动，10 月 13 日，雅虎和微软宣布达成了一项“里程碑式协议”，使全球的即时通信用户之间都能实现互联互通。全球两大即时通信服务商之间达成的业界第一个合同协议使 MSN Messenger 和雅虎通用户能够实现互动，从而有望形成全球最大的即时通信社区。而且罗川第一时间表示，只要安全性有保证，MSN 愿意和包括腾讯 QQ 在内的更多的 IM 互通。

这份协议让腾讯陷入了舆论旋涡，几乎所有的媒体和专家都为这一协议欢呼。但是马化腾却坚决回绝了罗川的“互通邀约”，尽管要面临舆论的疯狂攻势，马化腾还是坚定地表示了拒绝。

马化腾的理由是：我们不能拿用户价值冒险，这样不负责任。在他看来，用户需求、安全、费用三个因素是互通与否的关键，事实上，安全问题早晚能够解决，根本上还是看“成本和效益”。马化腾拒绝和 MSN 谈判，而他给出的理由也是以利益为最终考量，这让许多抱着“世界是平等的”这一信念的人很是不爽，也给人留下了“拒绝开放”的印象。但这却是商业的本质。

随后，MSN 用“互联互通”打造舆论攻势，这让马化腾心烦不已。不得已，马化腾决定把话讲清楚，于是在 2005 年 10 月 27 日，借助腾讯在北京举办的 QQ2005 版本新品发布会这个契机，马化腾第一次面对媒体，系统地阐述了他对即时通信的观点。

在发布会上，马化腾公布了一组数据：截至 2005 年 6 月 30 日，腾讯 QQ 的注册账户数达到 4.4 亿，这个数字相当于美国和日本人口的总和，月活跃用户突破 1.7 亿，同时在线用户最早已突破 1600 万。接着，马化腾表示，中国的即时通信应用目前已经领先于世界，即时通信的下一个发展阶段将进入由中国领导的即时通信全面社会化的阶段。

马化腾认为，即时通信产品已经不单单是一个沟通工具，而是一个信息资讯、交流互动、休闲娱乐平台，语音、视频、音乐点播、网络游戏、在线交易等新的应用都可以基于这个平台展开。

马化腾在发布会上并没有阐明为什么不和 MSN 合作，可以说又一次回避了 MSN 的挑战。马化腾的“避战”没有给 MSN“借梯上楼”的机会，随着时间的推移，MSN 内部的问题开始出现。

首先，指挥系统紊乱。罗川的市场部门和熊明华的研发中心分别向两个大区上司汇报，两个人之间根本没有隶属关系，也就是说，在中国市场，MSN 没有一个统筹全局的负责人，两个部门之间就难免出现各自为战的局面。

另外，微软的 MSN 技术研发方向被美国总部控制，全球一盘棋，针对中国市场的本地化研发考虑并不多。也就是说，微软研发部门开发出的 MSN 功能很多并不被中国用户认可，而中国用户需要的功能，他们却根本不关心。

其次，罗川创造的分包合作模式在运营中也出现了混乱，被引进到 MSN 平台上的合作伙伴需求各异、业务也不统一，而且这些服务商急于求利，甚至出现了互相拆台、压价竞争的现象，这就导致这个所谓的“抗 QQ 联盟”内部矛盾不断。

最后，微软和雅虎的互联互通并没有取得理想中的“里程碑式的效果”。正如马化腾所料，这两家的互联互通只是在线状况和基本信息。语音、视频等其他内容很难实现互通，由于联通不到位，用户仍觉得这是两个网络。渐渐地，这一普遍被看好的模式就很少有人问津了。到了 2006 年 6 月，微软中国做出了一个决定——上线自己的“Live 搜索”。这就意味着一年前大张旗鼓的互联互通彻底解体。同时也表明，微软 MSN 对腾讯发起的挑战也彻底以失败告终。

到了 2008 年第二季度，QQ 的市场份额上升到了 80.2%，MSN 则只有 4.1%。随着 MSN 的落败，其他企业也大幅减少对即时通信产品的投入，“抗 QQ 联盟”就此解体，腾讯在本土打赢了这一艰难的保卫战。

商战也是战场，虽然没有硝烟，在商业竞争中，同样需要领导者具有这种面对天下第一高手也敢于亮剑搏杀的精神，否则，只能被敌人吞并。马化腾面对一对一的对手也敢于亮剑拼杀，并最终战胜了对手，这也预示着他的腾讯在今后会越来越强大。

## 背负“抄袭大王”的骂名
## ——模仿优秀者，并超越它

在互联网界，马化腾可谓“久负盛名”的“抄袭大王”，在腾讯旗下的所有软件，几乎都可以找到其他软件的影子。但是在竞争激烈的互联网界，腾讯旗下所出的软件，在网民中的呼声却一直很高，这是因为他们在吸取借鉴别人的同时，马化腾始终没有忘记创新的重要性。也就是说，马化腾在吸收借鉴了对方技术之后，还会根据用户的需求对软件加以创新优化，使得软件更能符合用户的需求。

2010年4月22日，腾讯召开由400人参加的战略管理大会，会上，马化腾阐述了自己对互联网的看法以及腾讯的战略。

马化腾认为互联网的第二轮“圈地运动”已经结束，接下来是如何耕耘下一步的战略重点。在这种环境下，马化腾提出了两个战略要求：一是围绕“一站式在线生活”迅猛拓展业务范围，加大在搜索、安全、移动互联网以及微博上的投入，争取在乱局中夺取更多份额；二是腾讯内部各业务单元需建立新的协作机制，灵活机动打破“部门墙”。总结起来，就是“出门抢底盘，对内重协调”，这是一个充满攻击性的战略布局。这一积极乐观的情绪，传染到了腾讯管理层，人们都沉浸在喜悦当中，丝毫没有嗅到业界对他们的不满。

业界的不满归结起来有三方面：“一直在模仿从来不创新”；“走自己的路让别人无路可走”；“垄断平台拒绝开放”。

从2006年开始，腾讯“抄袭者”的名声就远扬国内，不绝于耳。在很多人看来，腾讯QQ拥有大量的黏性用户，所以它完全不在乎与其他网络产品在内容形式上撞车；恰恰相反，其他产品商却要千方百计避免和腾讯撞车，他们需要尽量与腾讯的产品区别开来。

在风险投资界甚至流传这样一个说法：“当一位创业者向投资人解说自己项目的时候，必须回答投资者一个问题——腾讯会不会做这个项目？假如腾讯进入这个行业，你将如何保证不被干掉？”

由此可见，腾讯给那些互联网创业者带来的压力有多大。

在业界，第一个公开把马化腾叫作“抄袭大王”的是“中文之星”的开发者、新浪网创始人王志东。在中国互联网早期，王志东也是业界的风云人物之一，是著名的创业者和产品经理。

王志东在接受记者采访的时候，曾把马化腾和比尔·盖茨相提并论，称他们是中国和美国最有天分的抄袭者。他说：“马化腾是业内有名的抄袭大王。而且是明目张胆、公开抄袭。”不过更有意思的是，王志东表示，自己要向马化腾学习，学习他的抄袭精神，自己正在开发的即时通信软件要吸收业内主流产品的优点，不仅有微软的 MSN、腾讯的 QQ，甚至非 IM 产品的优秀理念也会被引入自己的即时通信软件。

在商界，抄袭是一个歧义词，有时是道德词，有时又是法律词，当然，多数时候是竞争词。

在王志东之后，因为竞争的关系，几乎所有的业界大佬都在不同的场合指责腾讯、指责马化腾是“抄袭者”。马云认为，腾讯的拍拍网是抄袭淘宝网，指出拍拍网最大的问题就是没有创新，几乎所有的东西都是抄袭淘宝网；李彦宏指责腾讯的搜搜照搬了百度；连马化腾的昔日好友丁磊也与他“反目成仇”，公开指责马化腾什么都要抄。

2008 年 8 月，《羊城晚报》刊登了一篇名为《解读腾讯：马化腾的精明在哪里》，报道中写道：“外界在评价腾讯时，总免不了加上一句‘模仿的胜利’。腾讯在一刻不停地模仿，它从中尝到了甜头，并一发不可收拾。”这篇报道还引用了马化腾在接受采访时的回答：“坦率讲，中国现在的互联网模式基本是从国外搬过来的，没有什么独特和自己原创的。毕竟商业模式你很难苛求去原创，因为本来就这么几种，关键看谁做得好。”在后来的几年里，马化腾一直对外表达类似的观点，2010 年年初，他在接受采访时说："只是说我们从事了别人做过的行业，并没有证据证明我们是抄袭。如果真的是抄袭的话，法律上我们早就已经被告倒了。"

虽然马化腾否认自己抄袭，但是外界对马化腾和腾讯的不满越来越大，终于，这种不满以一种戏剧性的方式释放了出来。

2010 年 7 月 24 日，各大网站突然被一篇题为《"狗日的"腾讯》的长文覆盖。这是两天后要正式发行的《计算机世界》的封面文章，被提前贴到网上的还有周报的封面——围着红围巾的企鹅身上被插上了三把滴血的尖刀。

文章写道："在中国互联网发展历史上，腾讯几乎没有缺席过任何一场互联网盛宴。它总是在一开始就亦步亦趋地跟随，然后细致地模仿，然后决绝地超越……腾讯也在互联网界因为'无耻模仿抄袭'的恶名而全线树敌，称为众矢之的。"

"只要一个领域前景看好，腾讯就肯定会伺机充当掠食者。它总是默默地布局、悄无声息地出现在你的背后；他总是在最恰当的时机出来搅局，让同业者心神不宁。而一旦时机成熟，他就会毫不留情地划走自己的那块蛋糕，有时甚至会称为终结者，霸占整个市场。"

这篇文章让腾讯陷入了舆论围攻中，但是他们自己却想不出一个有效的应对策略。7 月 25 日，腾讯发表了一则声明，谴责《计算机世界》在没有对腾讯进行任何采访的情况下用恶劣的语言对待一家负责任的企业，用恶劣插画损害企业商标和企业形象，对此表示严厉谴责，并保留追诉其法律责任的权利。

这是一篇底气不足的声明，而且关闭了评论入口，很显然，腾讯不希望大家在自己的地盘对这篇声明说三道四。不过值得欣慰的是，那些互联网大佬并没有就此事发表言论，没有"火上浇油"。

其实，指责腾讯山寨他人并没有任何意义，因为在那个年代里，多数企业是靠山寨起家，只是腾讯把山寨精神做到了极致。如果我们认为腾讯神话不可战胜，那只是自己在吓唬自己，对创业没有任何帮助。

“抄袭”可以说是一种形式，不只是在商界存在，在其他行业里也有“抄袭”，但是一味的抄袭并不能让一个人成长、让一个企业壮大，跟在别人后面，也只是在亦步亦趋。只有在“抄袭”的过程中，加入创新的元素，那样得出的结果会比单纯的山寨要精彩得多。一味的借鉴、模仿不是竞争之道，也不会在竞争之中取胜，只有不断在模仿的基础上创新，产品才能被用户认可，才能经得住市场的考验，才能立于不败之地。

## 著名的3Q大战
## ——伟大的成就源于豁达的心胸

讨厌对我们不友善的人，这是很自然的，因为这是人的天性，但这不应该称为我们日常行事的方式。因为一个人对待敌人的反应，也预示了这个人的成就。

有这样一句话：“没有永恒的朋友，也没有永恒的敌人，只有永恒的利益。”这句话放在商界一样适用。商场竞争是出于利益，今天可能是敌人，明天就有可能会是合作伙伴，如果斤斤计较双方的恩怨，那将会丧失合作机会，利益也会随之流失。所以，对自己的敌人要狠，但不要记仇。

2006年，周鸿祎第二次创业，出任奇虎董事长，从2007年起，奇虎进军安全软件市场，推出360杀毒软件测试版；2008年下半年，周鸿祎突然宣布360杀毒软件永久免费，与此同时，奇虎悄然进入浏览器领域。

随着一系列的动作，奇虎收获颇丰。2008年，360浏览器的用户数为1800万，一年之后，这个数据增长到了1.06亿。到了2010年前后，360通过开放平台，引入网页游戏、团购网站、软件以及应用等第三方合作伙伴，实现了出人意料的收入，网络服务收入达到了5300万美元，纯利润850万美元。

到了2010年初，已经坐拥亿级用户的周鸿祎不想再坐守一方，想要进军"中原"，他原本就是一个攻击性极强的人，渴望功名与荣耀。本来周鸿祎的首个攻击对象是百度，但是因为腾讯在安全软件市场上动作频繁，把周鸿祎的战火引到了自己身上。

其实诞生于2006年的QQ医生并不是一个被腾讯重视的战略角色，即便经过数次改版，也没有引起太多人的注意。直到2010年春节过后，QQ医生利用QQ平台进行了一起强势推广，使得它的用户激增。周鸿祎敏锐地意识到，腾讯会成为自己的心头大患。

腾讯在安全软件市场的频繁动作也让外界纷纷猜测："360会不会成为腾讯下一个杀戮的对象？"其实在开战之前，周鸿祎曾联络马化腾，希望进行合作，由腾讯投资360，一起对付百度，还表示可以帮助腾讯投资迅雷等其他公司，不过最终马化腾拒绝了周鸿祎，理由是这些公司没有价值。

求和不成，周鸿祎只能背水一战。随后，在中秋节前后，360突然发布直接针对QQ的"360隐私保护器"，直指QQ窥探用户隐私。同时，在360网站上开设《用户隐私大过天》的讨论专题网页，其中汇集大量直指QQ的专题性文章，比如《QQ窥探用户隐私由来已久》《QQ侵犯用户隐私》《QQ窥私目的》等，这些文章用毋庸置疑的口吻谴责QQ在未经用户许可的情况下偷窥用户个人隐私文件和数据。

随后，其他网站也出现了指责QQ窥探用户隐私的文章，一时间，腾讯再次陷入舆论旋涡。在揭露和谴责QQ窥探用户隐私的同时，360宣布"360隐私保护器"可以实时监测曝光QQ的行为。网上的污名化攻击，以及360的引导，让QQ用户陷入了极大的恐慌。

在腾讯历史上也经历过种种攻击，但是，像周鸿祎这样的对手他们还是第一次遇到。周鸿祎对舆论有着天生的掌控和扩散能力，而且可以在技术层面展开有效率的攻击，这让腾讯颇感头疼。

周鸿祎一开始就把自己置于"弱势"一方，他把这场战争定义为"草根创业者对垄断者的反叛"，而且周鸿祎将腾讯描述成了一个垄断的、任何利益都不放过的公司，他的描述也确实符合公众对腾讯的"感官"。

对于周鸿祎的咄咄逼人，马化腾却很隐忍。按照马化腾的性格，他也不愿意和周鸿祎打"口水战"。当然，这并不代表马化腾没有行动，他们通过弹窗进行了回应，称："某新推软件指责QQ侵犯隐私一事，是对QQ安全功能的误解。"在这里，马化腾并没有指名道姓说明是360。法律部门也对360提起诉讼。腾讯还联合金山、百度、遨游、可牛发表联合声明，反对360的不正当竞争。

但是腾讯的这些动作却给人留下了"以大欺小"的印象，对腾讯并没有什么帮助。10月29日，这一天是马化腾的生日，但是周鸿祎却送出了一份特殊的“大礼”——扣扣保镖。360宣称，“扣扣保镖”能够全面保护用户的安全，包括防止隐私泄露、木马盗号。扣扣保镖能够自动对QQ进行“体检”，在体检的40项中有31项有问题，并建议立即修复。周鸿祎对此解释：“扣扣保镖的推出给用户创造了价值，既然QQ这个IM工具不可取代，我们就做一个伴侣性产品，让用户的体验更好。这样用户会喜欢360，腾讯也不能把我们赶走。”

这对腾讯来说却是釜底抽薪，因为如果用户选择了修复，那么QQ安全中心将被360安全卫士替代，QQ用户的好友关系链也将被360备份，也就是所有用户关系会被导入360操作平台上。这可以说是一个非法的、公然的外挂，马化腾听到这样的报告之后也是脸色惨白，喃喃自语：“想不到他会这样做。”

后来腾讯向深圳市公安局报案，并向工信部投诉，但是这两家政府机构也不知道如何定义这件事情，也不知道如何解决。眼看着用户大量流失，马化腾再也坐不住了，11月3日上午，马化腾做出决定，在装有360软件的电脑上停止运行QQ软件。这一天，腾讯高管们在他们的“作战室”里草拟了一份“不兼容”协议，并于18点19分通过弹窗发布。

在公告发布的同时，腾讯推出了“不兼容页面”，所有用户面对“卸载QQ”和“卸载360”两个选择键，必须二选一。

在设置选择键的时候，有工作人员把两个选择键的字体设计成一大一小，马化腾却不同意这样做，让他们把字体做得一样大，给用户一个公平的选择。有高管不同意，因为一年前周鸿祎在和金山的竞争中用过这个方法，“卸载金山”的字体要比“卸载360”大得多。但是马化腾坚决不同意，这足以显示马化腾的心胸有多豁达。

针对腾讯的弹窗，360也以弹窗反击，称腾讯在绑架和挟持用户。周鸿祎还宣布，他们有预案，会推出Web QQ客户端，腾讯方面则立即停止了Web.QQ.com的服务，直接跳转到公告页面，QQ空间也宣布不支持360浏览器。21点30分，360宣布下线“扣扣保镖”并恳请用户坚定站出来，能够“三天不上QQ”。就在这短短三个小时的时间里，双方你来我往，交锋数个回合，中国互联网一片沸腾。

这次交锋表面上是腾讯赢了，但是网上却一边倒地开始声讨腾讯，而且一些记者也情绪激动起来，站在360一面声讨腾讯。不得已，马化腾亲自出面主动邀约媒体进行专访，这是他创业以来破天荒第一次。马化腾告诉记者，腾讯和360用户有很大的重合度，针对扣扣保镖导入QQ用户这一事件，他除了下线和对抗没有其他办法，否则就是死亡。

周鸿祎随后也在博客上发文《与其苟且活着，不如奋起抗争》，用这篇文章为3Q大战做了一个总结，不过他依然是把自己放在了“弱势者”的反叛立场。在文章里，周鸿祎称，中国互联网竞争环境非常恶劣，垄断势力仗势欺人，用自己的市场地位欺压创业公司，甚至不惜牺牲用户利益……

有人说，看一个人能有多大的成就，只要看他如何对待自己的敌人、仇人或者伤害过他的人就知道了！就3Q大战来说，马化腾和周鸿祎是水火不容的敌人。这两个人在这之后的关系那是不得而知。不过在2017年3月20日，马化腾在自己的微信朋友圈里评价腾讯制作的一档节目：“意外爆款的自制网综，已经成为我看综艺节目首选。后面几期有进步，逐步被大咖认可及亲身参与。看了幕后故事才知道不容易。略不满意的是有的嘉宾要抬头看提词器影响效果，应该宁可看手卡还自然一些。”

马化腾这条微信发出不久，周鸿祎和姚劲波就发表了评论：

周鸿祎：马总会去参加一下吗？

马化腾：哈哈，槽点太多，估计一期不够。

姚劲波：（一脸坏笑）你们俩一块去，绝对槽点火爆。

周鸿祎：你去，我也就敢去了。

曾经你死我活的竞争对手，如今在朋友圈里能如此调侃。由此可见，两个人都是心胸豁达之人，也难怪他们会有如此成就。

# 第5章
# 分享经济：释放互联网经济发展新动能

## 张小龙与微信
## ——做移动社交时代的引领者

这个世界是残酷的，尤其是在日新月异的互联网世界，多大的巨头都可能随时倒下，倒下后，你甚至还能摸到它的余温。而要想站在行业的顶尖，就需要有超前的意识，就需要站在时代的前沿，引领时代。

也就是说，成功就是要比别人抢先一步，占据行业前沿。要知道，早一步，哪怕是半步，就意味着早走了很多，成功和失败就像是从一个点发出的两条射线，它们沿着自己选择的路线前行，起初它们之间离得很近，只相距一点点，但是每向前走一步，便分开一点点，当它们距离起点越来越远，终于变得遥远地望不到彼此。因此，在竞争中要想胜出，就要时刻鞭策自己“领先一点点”。

在腾讯想要开发微信的时候，其实已经有一家公司在着手类似的产品了，而且它们推出产品的时间也比腾讯要早，只是后来被腾讯超了过去。从根本上来说，这家公司败给腾讯，是因为它们只是开发出了产品，但是在完善和维护上始终慢了腾讯一步，最终只能眼睁睁看着腾讯一枝独秀下去。这家公司就是雷军的小米，他们开发的产品叫米聊。

雷军的米聊在 2010 年 12 月 10 日上线，腾讯的微信上线时间是 2011 年 1 月 21 日，差了 40 天的时间。

腾讯第一个版本上线之后，反响并不好，这是因为中国的电信运营商提供了丰富的套餐服务，正常用户一个月的包月短信都消费不完，以节省短信费为卖点的微信并没有多大的吸引力。

很快，第二个版本上线，增加了图片分享功能，但是用户的反响还是不热烈，这说明图片分享还无法构成一种基本需求。

在这个过程中，雷军的米聊也在逐渐发力，2011 年 4 月，米聊上线对讲机功能，用户突然变得活跃起来。5 月，腾讯的新版本也及时加入语音聊天功能，用户的反响一下热烈起来，每天的新增用户数从过去的一两万猛增到五六万。

随后，腾讯开发团队继续开发新的功能，相继上线“摇一摇”和“漂流瓶”功能，持续的迭代让人惊喜连连，当然，也引来不少非议。不过腾讯团队没有因此而停止脚步，而是在启动页上主动加了一句话：“如果你说我是错的，你证明你是对的。”

雷军的团队在和腾讯的竞争中也表现了强劲的战斗力，但是在一些基础性功能上却暴露出了致命的弱点。随着米聊用户的增长，米聊的服务器曾在一天之中出现了五次宕机的现象。另外，由于跨地区、跨运营商等因素，网络质量比较差，经常会出现某一地区的米聊用户集体掉线的事件。

7 月，腾讯继续发力，推出了“查看附近的人”功能，这个功能彻底把米聊甩开了，用户再次呈现阶梯式的增长，日增用户数达到了惊人的 10 万以上，而且这一成绩还是在没有动用 QQ 资源的前提下。

在微信一步步的成长过程中，马化腾超乎寻常地关注着微信的每一次迭代与用户数变化。甚至在媒体要采访微信开发者张小龙的时候，马化腾主动站出来帮助张小龙应付，让他把注意力和精力全都放在产品开发上。

其实开发类似微信的团队不仅仅是腾讯的张小龙团队，还有至少两个团队在研发类似的产品，但是他们觉得产品在功能上与 QQ 有太多的相似性，因此做起来畏首畏尾，最终眼睁睁看着微信异军突起。

随着功能的增多，用户体验越来越好，用户增长也越来越快，到了 2012 年 3 月 29 日凌晨 4 点，马化腾在微博上发了一个六个字的帖子："终于，突破 1 亿!"

此时，距离微信上线仅仅 443 天——一年多一点的时间。在互联网史上，微信是迄今为止增速最快的在线通信工具。QQ 同时在线用户突破 1 亿，用了将近 10 年时间，Facebook 用了五年半，Twitter 用了整整四年，而微信只用了 443 天。

当然，微信前进的脚步还在继续，4 月 19 日，微信推出了新功能"朋友圈"，使照片可以分享到微信内的朋友圈，分享到朋友圈里的照片可以被通讯录里的好友看到，好友也可以对这些照片进行评论。同时，微信宣布开放接口，用户可以从第三方应用想微信通讯录里的好友分享音乐、新闻、摄影等消息内容。

"朋友圈"的出现，对微信来说是一个转折性的功能，这意味着微信开始由通信工具向社交平台升级，由此，一个建立于手机上的熟人社交圈正式出现。在随后更新的版本里，腾讯推出了视频通话功能，这一功能，让微信通信工具的功能更加完善。

朋友圈上线四个月之后，另一个具有里程碑式的产品诞生了：8 月 23 日，微信公众平台上线。这个功能兼具媒体和电商的双重属性，它的出现革命性地改变了中国互联网以及媒体产业的既有生态。

在公众号诞生之前，虽然有了微博和博客，民众也掌握了舆论的发布权和选择权，但是主流舆论的势力其实并没有被彻底瓦解。公众号出现之后，一些精英写作者敏锐地觉察到这一模式更适合沉浸式写作，可以通过熟人朋友圈向外扩散，具有更为强大和有效的舆论效率。

很快，越来越多的写作者开通了公众号，它们被称为“自媒体”，这是一个由中国人独立创造出来的新概念。传统媒体的传播壁垒至此被彻底击穿。

对企业而言，公众号也是一个有效的宣传以及获取信息的平台，商家可以以最低的成本和最快的速度发布资讯，而且是面对精准的用户群，其效果要比泛泛地投送好得多。

到了 2014 年春节，微信红包上线，这一功能彻底解决了腾讯的支付难题。在微信红包内测的时候，马化腾又成为了第一批体验者，在一张流传出来的网图上可以看到，马化腾邀请了一些企业老板测试“抢红包”功能。在这张截图上，马化腾发了一个随机红包链接，50 个随机红包，人均 20 元。

从 2011 年微信上线，到 2014 年春节“抢红包”引爆，这三年是属于微信的“创世纪”时间，可以说微信创造出了另一个腾讯。因为微信替腾讯在移动互联网时代抢下了一个无可替代的入口。正如给马化腾造成极大麻烦的周鸿祎在 2012 年一次峰会上所说：“在今天中国这么多互联网公司，只有伟大的腾讯公司、尊敬的马总拿到了‘船票’，其他人都还在琢磨。”这句话可能稍显夸张，但是腾讯确实站在了引领时代的前沿上，这无疑极大地增强了腾讯的竞争力。

成功和失败之间的差距到底有多大？在这里，有可以丈量的数据，不过美国励志教育学家卡耐基却说过：“成功和失败之间近在咫尺。”当今社会，人们对自己的要求越来越高，人们都希望在人生当中取得成就，干成一番事业，有的人成功了，有的人失败了。只是因为成功的人领先了一点点，并坚持了下来。

成功与失败看起来就像是事物的两个极端，说起来好像显得非常遥远，是两件不相干的事情，但事实上，成功和失败往往只差那么一点点，很多时候，这两者之间真正的距离小得不足挂齿。然而，就是这一点点的距离，却决定了两种截然不同的结果。

成功和失败有时确实离得特别近，但是再近也是有距离的，哪怕是微乎其微的距离，但就是这微乎其微的距离，也是智慧与勤奋的结果，而且是用心打造出来的距离。

## “王者荣耀”成就游戏神话
## ——财富之外不能忘却责任

很多时候，财富是一个企业成就的标杆，所以才会有众多的财富排行榜来评比企业家的成就。面对金钱，财富，包括其他渴望成功的人们都想在狂热梦想中等待成功，但是他们不知道，金钱并不是衡量一个人成功与否的唯一标准。

社会上一些成功的人虽然看重金钱，但是更看重做人的成就感，更看重自己的声誉。一位有名的富豪曾说过：“工人的工资是按工作能力或者工作效果支付，然而，人们的成就绝不是以银行存款的数量来衡量的。”事实却是如此，一个人除了金钱还要有责任，对社会的责任。马化腾就是一个这样的人，在疯狂攫取财富的同时，不忘社会责任。

当然，马化腾做得完美，因为他经常在网上被网友辱骂。有媒体人做过一个统计，从 2008 年开始，马化腾平均每天在网上至少被骂 763 万次。马化腾为何如此招骂？根本原因是在游戏。

腾讯最早涉足游戏大概是在 2003 年，因为从很早的时候，马化腾就看到了网络游戏背后的巨大市场，不过最初从游戏试水并不成功。腾讯最初试水游戏的时候，并没有急于自己开发游戏，而是想到了做游戏代理。

腾讯选中的第一款代理游戏叫《凯旋》，是韩国一家公司开发的 3D 类游戏。这款游戏可以说是当时最为先进的游戏。有人做过比较，这款游戏即便到了 2005 年，在同类型游戏中也是非常优秀的。

然而，最好的不一定是最适合的，《凯旋》的 3D 技术对于电脑配置和网络宽带的要求非常高，中国当时的网络环境并不适合这款游戏。虽然腾讯的技术部门对这款游戏进行了优化，也对服务器进行了优化，但是仍然无法保证游戏的流畅性。

就这样，腾讯最初的游戏试水就成了没有“凯旋”的《凯旋》。

不过腾讯并未就此放弃游戏行业，马化腾甚至专门组建了一个小组负责游戏业务。腾讯首先做的棋牌类游戏，模仿的是运营模式已经非常成熟的联众。不过从腾讯开始大力推广 QQ 游戏大厅，联众的市场份额就日渐萎缩了。

腾讯进入游戏行业之后，很长一段时间是在棋牌和小型休闲游戏上下功夫，没有涉足大型网游。到了 2005 年，中国大型网游市场出现了火爆局面，休闲类游戏市场反而冷清了许多，这个时候腾讯的游戏开发部门也紧跟潮流，开发了一款角色扮演类网络游戏——《QQ 幻想》，不过这款游戏并没有让腾讯打出翻身仗，相反，这款游戏由于过于简单，很快就被玩家弃之一旁。

其实腾讯真正在游戏方面取得爆发性的增长要归功于两款代理网友——《穿越火线》和《地下城勇士》。这两款游戏虽然给腾讯带来大量收益，但是腾讯还是想开发出属于自己的产品。在这之后，腾讯继续发力，开发出了《QQ 飞车》《QQ 炫舞》《QQ 魔兽》以及《QQ 音速》等游戏，这些游戏为腾讯带来了大量的收益。除此之外，腾讯还代理了《英雄联盟》这款火爆的游戏，可以说，腾讯在这个时候已经完全发掘了游戏这座“金矿”。虽然游戏给腾讯带来了巨额收益，但是也让腾讯以及马化腾经常处于舆论的风口浪尖。

尤其是 QQ 的广大用户都是年轻人，多数还是未成年人，众多的未成年人沉迷于网络游戏，让腾讯和马化腾经常性的成为舆论攻击的对象。

尤其是开发与 2015 年的《英雄联盟》，这款游戏成为近年来异常火爆的竞技对战类游戏，而且让腾讯赚得满钵满。但随着近期多起未成年人沉迷《王者荣耀》导致个人身体受伤、家庭财产受损的事件被曝光，这款有着超过 2 亿注册用户的游戏引发了巨大的争议，更让腾讯成为众矢之的，甚至一些主流媒体、官方媒体都对这款游戏进行了批评。

比如，《光明日报》这样评价：“《王者荣耀》的历史背景和人物经历并无挂钩，内容和精神被架空，有名无实。”

《人民日报》也对此发声：“《王者荣耀》如此开涮古代名人，其对待古人的态度，只有轻佻，不见敬畏。游戏使历史被毁容，乃至被肢解，不仅古人遭冒犯，今人受惊扰，更误人子弟，苍白了青少年的灵魂。”

新华社更是撰文对这款游戏进行深入的剖析：“一家企业，一种游戏，如果只想着赚钱，身上没有责任和道德的血液，不去谨小慎微地衡量可能的社会影响，注定是跛足的，注定走不远。是的，游戏并不是洪水猛兽，不是鸦片毒品，没有天然的原罪，但如果在保护未成年人上缺乏担当，就罪不可赦。是的，游戏也有它的社会意义，如设计人所称：作为一个游戏人，我的志向是有一天能做出传递爱、传递幸福的游戏，因为我确信，爱和幸福是比简单的快乐更高的情感满足。——但如果让未成年人沉迷其中，如果没有解决游戏的道德瓶颈，这种虚无缥缈的所谓幸福，所谓快乐，所谓情感满足，一文不值，令人作呕。

“不要装出一副‘对造成当下后果毫无准备’的无辜模样，一家以做游戏为业的企业，成功推出那么多游戏，深谙用户的年龄结构和心理弱点，应该能够预判到一款这样的游戏可能产生的社会问题。而且，这款游戏也不是一夜之间火起来的，火遍大江南北，经历了一个过程——这个逐渐火爆、逐渐让很多未成年人沉迷的过程中，相关企业又做过什么？设计和推广游戏是一件需要良心去做的事。

……

“是的，假如设计之初就有防范沉迷考虑，游戏可能就没这么火爆了，玩的人就没这么多了，也可能成就不了爆款。——但带着道德缺陷的爆款，只会让人鄙视。平时嘴上喊再多的“社会责任感”都没什么用，暴利诱惑下的选择，最能检验一家企业的三观和血液中的社会责任含量。这关系到的不仅是一款游戏的社会评价，更关系到一家企业的公共形象，一个企业，如果利润中有不道德的成分，注定不会成为真正让人尊敬的企业。”

面对舆论的风暴，腾讯迅速做出反应，推出包括限制未成年人每天登录时长、绑定硬件设备实现一键禁玩、强化实名认证体系等防沉迷措施；《王者荣耀》制作人更以长信剖白，“守护别人的孩子，就是守护《王者荣耀》，也就是守护我们自己的孩子”。

在2016年的互联网大会上，马化腾表示，自己创办腾讯已经18年，最大的感悟就是“责任”，他也希望腾讯的未来也是“责任”。

我们都承认，财富是我们所向往的东西，许多人甚至还会把自己一生的目标与所得到的财富联系在一起。诚然，财富可以体现一个人的成就，体现创造，体现能力，体现价值，但是财富又不仅仅是一种能力、一种富裕、一种荣耀，更应该成之为一种责任。

我们强调财富的责任，其实也是强调财富的真谛，也是在强调每个人对社会要负有一定的责任，这也是对人性的定义。也就是说，我们不能为了追逐财富，丧失道德，置人性于不顾。

## 领导者用人要不拘一格
### ——包容大气才是男人的胸怀

马化腾曾说过这样一段话：“腾讯的决策，基本上是集体决策，不是靠一个人。我想做，不管下面理解不理解、同意不同意就这么硬推，从来不是这个风格。都是比较温和一点，大家都明白要做什么，最后一起来决定做这个事情。这样大家才有投入感、参与度，每个人都有自己的贡献。”

作为企业的领袖，拥有权力并不意味着可以随心所欲，也不意味着样样都在行，更不意味着不需要别人的帮助就可以做出正确的决策。一个人的力量毕竟是有限的，团队的力量才是无限的，这就要求经营者在决策的时候必须依靠团队。

在腾讯，决策方式比较民主，也很理性，没有一人独大的现象，决策流程也非常理性。通常，在做一件事情的时候，马化腾会第一个提出想法，然后让员工们提出建议，大家会把建议收集起来，互相沟通，制定最切实可行的决策。依靠这种形式做出来的决策，往往是理性的，也是非常成功的。

腾讯这种民主的决策形式其实从创立之初就形成了。腾讯在创立之初有五个创始人：马化腾、张志东、陈一丹、许晨晔、曾李青，虽然马化腾一枝独大，但他并不是绝对控股，在这种情形下，既可以保证腾讯的决策不至于出现混乱，也在一定程度上保证了决策的民主性。

可以说，腾讯无人决策团队的建立，就是为了保持民主决策的氛围，让任何人都不能独断独行，让任何决策都能在讨论中进行，最终让集体来决定该运用什么样的决策，以此来保证腾讯决策的民主性、合理性。

这是马化腾对管理团队的定性，因为他认为团队的力量才是无限的。

对于人才，马化腾也有自己的一套手段。比如大家熟悉的“微信之父”张小龙，有人说，没有张小龙就没有微信，但同样的，没有马化腾就没有张小龙。在张小龙提出开发微信的时候，马化腾几乎是无条件地支持了他。张小龙的脾气很古怪，如果换成一个心胸不够豁达的老板，恐怕早就炒掉他了。

张小龙性格孤僻，不善于和人打交道。腾讯每周都会在总部召开例会，张小龙的团队在广州，从广州到深圳开车不过两个小时左右，但是张小龙却总以“早上起不来”为借口不参加例会。外界有传闻，为了迁就张小龙，马化腾特意让自己的秘书在例会这天早上打电话叫醒他。可是即便这样，张小龙还是不参加例会，理由是路上堵车，来不了。他本以为这样马化腾就会放弃了，可是马化腾远比他想象的有耐心，以后在开周例会的时候，马化腾就会派专车准时在楼下接他。这样，张小龙再也没有理由拒绝参加例会了。

在腾讯，张小龙恐怕是唯一一个敢这么“放肆”的人，但是马化腾却能容忍他的一切。如果说，一个人连起码的规矩都无法遵守，那还如何指望着这个人做出成就，正所谓“一屋不扫何以扫天下”，如果按照这个逻辑，张小龙连公司最基本的制度都不能遵守，还如何成就大事?

但凡事不可一概而论，人的格局就是有天差地别，马化腾知道，天才在某个方面会很弱，即使一屋不扫，但照样可以扫天下。作为领导者，要做到如此包容也绝非易事，如果在格局上没有一定的段位，是无论如何也做不到的。

对于腾讯的员工，马化腾也是非常大方。因为腾讯是上市公司，所以我们可以看到马化腾是如何给自己的高管发工资的，在这里我们也可以看到马化腾在给自己的高管发工资的时候是多么的慷慨。腾讯公司的年报显示，作为副总裁张小龙的年薪很有可能是2.74 亿港元，注意！不是百万年薪，也不是千万年薪，是将近 3 亿港元的高薪！试问中国的企业中有哪家的董事长会如此慷慨大方！

但更令人想不到的是马化腾的年薪仅仅为 3282.8 万港元，只是张小龙的九分之一。

有句俗话说得好，上行下效。马化腾和他的团队给有突出贡献的员工发薪酬从不吝啬，在腾讯工作的员工存在感可以说是最强的，这也是为什么腾讯的员工忠诚度极高、流失率极低的原因。所以张小龙这么多年对腾讯也是不离不弃。

对于有突出贡献的员工，马化腾是毫不吝啬，为了激励员工的工作激情，也为了留住更多的优秀员工，腾讯在上市之后，马化腾做出了这样的决定，对内部人员实行股权激励政策。

其实，很多上市公司面临这样的境遇，上市给公司带来了丰厚的回报，但是公司却陷入了安逸享乐之中，失去了往日奋斗的激情，导致公司后续发展缺乏动力。对于这一点，马化腾很有远见，及时对公司内部股份进行改革。

2007 年 12 月，腾讯的股权激励政策正式落地，马化腾宣布该政策将于 13 日正式生效。政策当中最主要的一条是，公司将以股票的形式奖励杰出贡献员工。这一政策在随后得到有效落实。2008 年 8 月 29 日，马化腾将 101.605 万股股票奖励给腾讯公司的 184 名优秀员工；2009 年 7 月 10 日，随着腾讯公司员工的整体增长，优秀员工评出了 1250 名，奖励股票也上升为 818.118 万股。在股票激励政策的有效促进下，腾讯公司的发展速度稳中有升，公司业绩也蒸蒸日上。

马化腾不仅是对在职的员工能够做到大气、包容，即便是对离职的员工，马化腾也是乐见其成。在很多公司，员工离职被老板认为是不忠，所以，很多时候他们会对离职的员工（尤其是有能力的员工）进行打压，但是马化腾从来不这么做，反而会扶持对方。

创建共享单车的企业有很多，但是只有摩拜单车进入了微信的九宫格，这让很多人感到奇怪，奇怪马化腾为什么会帮助胡玮炜。有人说这是因为腾讯投了摩拜，可腾讯为什么投摩拜而不投 ofo？其实是因为胡玮炜有渊源，胡玮炜曾经在腾讯汽车频道工作过两年，后来离开创业，可以说她是马化腾的下属。

当然，马化腾投资摩拜不完全是因为胡玮炜曾经是腾讯的员工，但是马化腾支持离职员工创业、发展，这是他的格局，也是他的人品。

也许我们没有马化腾的胸怀，也没有他那样的格局，而且即便我们学习马化腾所有的做法，我们也成不了马化腾，但还是应该向他学习，学习他对人才的态度，学习他的格局和人品。我们无法克隆一个马化腾，但是可以学习他的成功经验。

人才向来都是一家企业第一位的资源，善于发现人才、重视人才、发挥人才最大的潜能，似乎是所有成功企业的共识，可以说，公司最重要的资产不是金钱或其他东西，而是由每一位员工组成的人力资源。马云也曾说过："员工是公司第一位的产品，其次才是其他。"马化腾无疑是一个善于发现人才，并把人才置于合适的岗位，给他们创造最好的环境，激发他们最大的潜能的企业家。

可以说，腾讯这些年的成功确实离不开马化腾以及决策层的正确引导，但也离不开腾讯各个团队优秀人才的全身心的投入。

# 公益事业从不落伍

## ——从小做起，从心做起

慈善是管理者的一种社会责任，将慈善融入企业文化中，既是企业对社会的一种回报，也有利于企业内部的和谐管理。每一个成功的企业家都有责任去回报社会，完成自己的慈善任务。

在中国，慈善事业起步比较晚。相对于美国等发达国家而言，中国的慈善事业还不够完善，还有许多企业家拒绝承担慈善的社会责任。其实企业也是“社会公民”，企业的成功，企业家的成功，离不开社会的支持。懂得回报社会的管理者，能将慈善融入企业文化的管理者，才能更好地获得社会的支持。在这方面，腾讯一直做得很好。

在互联网行业，马化腾取得了巨大的成就，而且是在很年轻的时候就取得了辉煌的成就。在取得成功之后，马化腾就开始涉足慈善事业，可以说在慈善上，马化腾是一位年轻的先知先觉者。

也许是和自身的年龄有关，也许是腾讯更多的时候是服务于年轻人的，所以，马化腾一开始就有一个明确的线路图：从小做起，从心做起。

眼下，我们在QQ群上，微博以及腾讯的相关论坛里，每天都可以看到有许多用户自发组织起来关注公益、关注环保、关注弱势群体，这种自发组织起来的力量积极而热情，腾讯每天也都在关注并引导这些自发的组织。

马化腾在一次接受采访的时候说过："我们这个世界的一切都是息息相关的，无论是从企业经营的角度、用户实现价值的角度，还是发挥社会影响的角度看，在社会范围内承担公益责任，传播诚信的力量，是社会共同的重要价值。"

"我们近年来对公益事业有了更深刻的理解和更多的想法。当我们具备更多的能力和途径去投身公益事业的时候，我们成立基金会，初期投入超过2000万元人民币，用于基金会的启动，今后每年都将会从企业的利润中提取一定比例，作为对基金会的持续投入。积极务实地组织开展公益活动，是腾讯投身公益的基本方针。"

"腾讯公益基金会除了将大力参与环保、教育、文化遗产保护、救灾扶贫帮困等社会公益慈善事业之外，还将积极开展具有腾讯品牌和社会影响力的公益活动，借助腾讯及QQ品牌的影响力，向更多人传递公益和诚信的理念，帮助青少年树立健康的社会价值观，塑造良好的社会公益氛围。"

腾讯公益慈善基金会成立于2006年，腾讯出资2000万元人民币发起成立，这是马化腾慈善事业上的第一个大手笔，其目标是改善更多青少年的生活条件。在这之后，马化腾的着力点一直放在青少年资助和教育上，腾讯慈善基金会先后与中国儿童少年基金会、中国青少年发展基金会等建立了联系，正因为如此，2007年6月，马化腾荣获"中国儿童慈善家"荣誉称号。

与传统的企业家通过捐款、捐物做慈善不同，马化腾更多的是利用腾讯的传媒平台优势，立足于培育慈善文化。腾讯不仅自己成立基金会，直接对外捐赠，而且与中国儿童少年基金会、中国扶贫基金会、李连杰壹基金等多家专业慈善机构合作，为他们提供资讯传播、在线捐赠、网络义卖等公益服务。

当然，更多的是利用QQ巨大的信息群优势，以腾讯公益网，以志愿者参与平台和公益组织运作平台开展公益项目，通过志愿者服务、资金捐赠、公益活动等方式提供网民全面参与的平台。通过巨大的平台传递爱心，让全社会都来关心公益、投身公益，共同关注弱势群体，以及未成年人的健康成长。

在谈到慈善的时候，马化腾表示："腾讯的慈善不仅仅是资金，更关键的是，我们要发挥自己的优势，就是在互联网上我们拥有的数亿真实用户，特别是许多年轻人在我们的平台上，同时，我们又能够影响到、挖掘到很多非营利性的公益组织，他们有很多项目需要资金支持，也要寻找帮扶对象。我们就能够发挥自身的优势，通过腾讯公益网这个平台对接需求方和需要帮扶的用户和项目。同时，我们也充分利用发挥在线支付业务的优势，针对慈善项目设立月捐机制等等。"

互联网公益平台的出现，对慈善是一个非常重要的完善，网民可以更容易地找到自己关注的项目，然后轻点鼠标，你可能是每个月捐出去10元钱。但这种行为却打破了过去慈善中的冲动行为，一次性捐助大笔款项，但之后却没有人再关注了。互联网可以把慈善事业打造成一个长期可持续的习惯，甚至可以成为一种时尚。就目前的情况来看，腾讯在这方面做得非常成功。

在此，举一个鲜活的实例。一名腾讯志愿者家乡有一个水塘，很多年没有修复，水质越来越差、垃圾很多，但是当地的村民却需要长期饮用这个水塘的水。这名志愿者一直很想为家乡的父老乡亲改变这种状况，但是一直无能为力。后来他参加了腾讯公益百万微爱，通过当地村民的共同努力，以及百万微爱计划的帮助，历时九个月，终于实现了自己的梦想。

马化腾后来看到这个项目，在自己的微博中直接称赞道："好赞的项目。”

当然，腾讯每年捐出的慈善资金不在少数。2016 年 9 月 23 日，马化腾在香港参加一个国际慈善论坛时透露，腾讯希望每年拿出 1%~2%的利润投入公益，同时通过互联网平台的影响力和各种技术手段，腾讯正促成更多公益活动，并使之更为透明，更加融入普通人的日常生活。

他在宣布捐赠时表示：“通过十年的公益实践和探索，日益感到需要一个更长远、更高效的系统规划和架构，以善用财富回馈社会。同时通过专业团队提升公益活动的管理效率，我本人也可以投入更多精力到腾讯的战略、产品体验，以及更长远的公益规划。”

可以说，企业社会责任，一直是腾讯义不容辞的实践。在马化腾看来，做企业不能只以赚钱为目的，要在“利”的基础上更加注重企业的“义”，这样才能成为一个受人尊重的企业。同时，马化腾也指出，世界的改变不是少数人做了很多，而是每个人都做了一点点。

但是在做慈善之前，企业管理者要先明白：慈善不是为了利益，也不是在做广告。慈善是在对社会做出回报，是树立企业形象的机会，而不是做广告的平台。一家热衷于慈善事业的企业，对提高员工的思想道德素质非常有帮助。但是如果将慈善活动演变为广告，不仅不会起到建立企业文化的作用，反而会损害企业的形象。

因此，企业管理者应该引导企业的每个人正确认识慈善，并从事慈善。当每个人都能够投身于慈善当中时，企业就能形成慈善的企业文化，员工也就会富有社会责任感。这种企业文化，对提升企业形象以及提高企业内部和谐非常有帮助。

# 马化腾的“害怕”
## ——保持危机感才能活得更长久

有一种素质，几乎所有成功的领导者都拥有，那就是危机意识。领导者处于危机四伏的事业和职场中，随时随地都会遇到各种各样的压力、挫折和失败。面对厄运的态度如何，直接决定了企业的成败。

哈佛商学院对未来可能要成为经历世界上竞争最为激烈的学子们进行教育的时候，总会反复强调这样一个观念：企业家不仅仅是一名谋略家，更重要的是一个位有危机感的冒险家。在当今迅速变化的现代社会中，你不可能依靠一个永恒不变的原理、一个万能的处事良方去解决、处理所有的问题。是否懂得让自己树立危机感与紧迫感，是你能否时时做到灵活应变，从多种方案中找出最佳方案，并取得成功的关键。

荀子说过：“挂于患而欲谨，则无益矣。”意思是说，困在灾祸之中再想谨慎就毫无意义了。这与“生于忧患，死于安乐”的意思可谓不谋而合。其实就是在告诉我们，人要有忧患意识，也就是我们常说的危机意识。

现在看来，腾讯可以说是中国最成功的互联网企业之一，但是马化腾始终不敢有一丝一毫的放松，在马化腾看来，互联网企业和传统的企业有着非常大的不同，互联网企业能在一秒内发生颠覆性的变化。就像马化腾自己说的：“可能我突然间接了一个电话，我们在线的设备发生了重大事故毁掉了。”

这种现象在传统行业几乎不可能出现，因为要毁掉一个传统行业需要花很长的时间，但是在互联网企业里，这种情况可能在一秒钟内就会发生。如果出现用户资料突然流传到外界，那对互联网公司来说将会是灭顶之灾。

所以说，千亿级（人民币）的公司的没落也是很平常的事情，也可能到了千亿之后，没落的概率反而会更高，因为包袱越重，衰落得也越快。所以，我们要保持清醒，外面的掌声越热烈，危险可能就越近。

真正的危机也从来不会从外部袭来，只有当我们漠视用户体验时，才会遇到真正的危机。只有当某一天腾讯丢掉了兢兢业业、勤勤恳恳为用户服务的文化的时候，这才是真正的灾难。

马化腾其实有很多担心，他最为担心的可能就是不知道用户喜欢什么。

用户对于企业非常重要，对互联网公司则更为重要，因为互联网公司的一切业务都是基于用户发展的。所以，马化腾最害怕的就是不知道用户喜欢什么。

在马化腾出席众安保险启动仪式的时候，他曾公开表示：“年轻人在互联网上喜欢的东西我越来越看不懂，这是我最大的担忧。美国的阅后即焚 Snapchat 非常火，我们自己用起来却觉得没什么意思，可是却发现 12~18 岁的女生特别喜欢玩。”

“在这个行业里久了之后，就不接地气了，不知道现在年轻人喜欢什么，这是我觉得最可怕的。每天早上醒来最大的担心是，不理解以后互联网主流用户到底喜欢是什么。”

马化腾表示，不管是 QQ 也好，微信也好，没人能够保证一个服务是永久不变的，他以 Facebook 为例，人性就是喜欢更新，即便你什么错都没有，但就错在你太老了，一定得换了。你用常理很难和他解释清楚，不是人越多越好吗？但年轻人就是要个性。这种思想和常理的商业想法不一样，这可能就是以后年轻人的思维。

对于用户的爱好，马化腾可谓“如履薄冰，战战兢兢”，生怕行业差踏错，造成用户流失。

另外，马化腾对腾讯的内部也充满危机感。也是在众安保险启动仪式上，在讨论“竞争”这个话题的时候，他表示自己很怕团队内部有惰性。

马化腾表示，自己也在互联网行业摸爬滚打十几年，竞争可以说是无处不在，已经是家常便饭了，自己能够抱着一种很平常的心态来看待竞争，但是很怕团队内部出现惰性。马化腾称，微信的产生其实是腾讯内部竞争的一个结果，它并没有被原来的 QQ 团队开发出来，而是被广州的张小龙团队开发了出来。

马化腾还表示，当时 QQ 的用户已经很大了，直至今日活跃用户依然很多，但是它也确实存在危机，可你不知道它从哪里来，你不是跟别人竞争，就是跟自己竞争。所以我们要找到差异化，找到学习前进的动力，所以我们一直抱着平常心来看待竞争，我觉得是好事情，的确可以促进用户体验，整个行业的进步。否则你在一个市场太舒服了，一定会失败，我们也欢迎竞争，而且一定是大家找到各自不同的位置，当年在 QQ 和旺旺竞争的时候，最后大家也都找到了位置。

其实不管是怕不清楚用户喜欢什么，还是怕腾讯内部团队出现惰性，归根结底，还是因为马化腾有着深深的危机意识。而且马化腾也每每把危机意识转化为了行动，这才是马化腾成功的关键，如果他没有把危机意识转化为行动，那强烈的危机意识也只能是空想，自然也就无法帮助腾讯建立长盛不衰的“企鹅帝国”。

商界竞争，成败往往只在一瞬间，对手行动了，如果你没有看见，或者应对不及时，那么第二天醒过来可能就已经变天了。所谓危机感，就是在危险还没有到来的时候提前嗅到危机，迅速做出应对之策，这需要良好的大局观，更需要有心，时时刻刻想着危机才行。

曾有记者问马化腾："您有安全感吗?"马化腾则回答："我觉得有危机感。但是这个危机感只要早点发现、早点应对，那才是有胜算的。起码要往前走一步，看清楚情况，你才会决定下一步在哪方面加大、哪方面，但要尽量低成本。知道怎么花钱，知道怎么用技术解决问题。这样要求就很高，对商业、全局观好的人才需求量很大，所以现在缺少这样的人才。"可见，即便是互联网三巨头之一的马化腾也是时刻保持这危机意识。

管理者要有危机意识，要有危机感，要能够通过对自己情况的掌握而判断一个时期内什么是企业最主要的目标，能够判断出企业当前的实力、存在的不足和接下来发展的方向，还要能够最大限度预测到企业在发展过程中会遇到什么样的困难。只有满怀危机意识，不断发现问题，并把问题及时地解决在萌芽状态，才能为企业的发展踏出坚实的脚步，也才能为企业的前进开脱出一条光明的道路。

# 他们仨

在互联网迅猛发展的大潮中，遇见——马云、马化腾、李彦宏

# 李彦宏

## 百度与智能时代的畅想

把每件事情都做到极致，你就能最终成为领导者。

做自己喜欢做的事情，做自己擅长做的事情。

专注就是一旦认定方向就不会改变，直到把它做好。

如果一个创意不能解决任何现实存在的问题，它就没有实现的价值。

只要你给了社会好的产品，社会一定会给你更多的回报。

# 第 1 章
# 不负青春：坚持用理想引领人生方向

## 无忧无虑的童年时光
## ——铸造积极乐观的性格

童年对一个人来说，是最为欢乐的时光，也是初始性格的养成阶段。李彦宏的童年，虽然没有发生什么惊天动地的大事，但兴趣广泛、涉猎范围颇多的经历对他日后的成长也有着不容小觑的影响。一件件美丽的童年往事，奠定了他积极乐观的性格。

1968 年的秋天，李彦宏出生在山西阳泉一个普通的工人之家。父母皆是当地工厂的工人。作为家中独子的李彦宏，不仅是父母心中的“宝贝”，也是三位姐姐们共同爱护的对象。

年幼的李彦宏并没有什么伟大的梦想，整天就是跟着一群朋友上蹿下跳，把衣服弄得脏兮兮，直到太阳下山，远方传来母亲的呼唤，才与朋友不情不愿地分别，各自回家安歇，等到明日再战。

但是，作为家中的独子，父母对他的管教还是比较严厉的。大多数情况下，他都不被允许与小伙伴们一起疯玩，而是跟在三位姐姐的身边，形影不离，跟她们一起玩丢沙包、跳皮筋等女生们的游戏。可能是长期与姐姐们相伴的这段经历，使他的性格中有腼腆、羞涩的一面。不过幼年时的李彦宏，也十分调皮、捣蛋。八岁那年，他被送入离家最近的工厂子弟学校读书。由于长得人高马大，一入学，就被老师任命为班级的纪律委员。这对家中的小霸王李彦宏来说，可不是什么好差事。

一向不是被父母管就是被姐姐管的李彦宏，这下要学着"管教"其他顽皮的小伙伴了。向来没有受过委屈，被宠着长大的他，如今担任着这个不少得罪人的职位，可没少受委屈。但是在受到不公正的欺负时，他可不会软弱，而是该出手时就出手。

然而身为纪律委员的他，还敢带头打架，这可不是好现象。总是被老师叫到办公室，先挨一顿批评，再写一份检查。本来就满腹不平的李彦宏，可不会就这样白白认罪。每次在检查书的开头，都要细数自己打架的经过，为自己辩解。但是最终在末尾，还是会乖乖承认自己动手打架的错误。

由于一直以来，李彦宏的学习成绩都名列前茅。老师们也都非常喜欢这个大错没有、小错不断的调皮孩子。所以，与批评相比，老师们对他更多的总是表扬和赞赏。回忆这段往事时，李彦宏说过："那时，老师总表扬我，我也就不好意思总犯错了。"

在李彦宏的童年，还有这样一段经历，使他做出了人生中第一个重大决定。

山西这个地方，颇为有名的是晋剧。不论是唱腔还是表演都与其他剧种有着不小的区别。那个时候，父亲对李彦宏的嘉奖之一就是带他来看晋剧表演。舞台上风光无限的戏剧演出，深深地吸引着他，令他十分着迷。李彦宏常常围着床单，站在家中的床上，自己一个人咿咿呀呀、舞枪弄棒，俨然一个戏曲小演员。

谁知道命运就是如此之巧，山西阳泉剧团下来招收学员时，李彦宏自己报了名。当着老师的面，把自己在家中练的那套把戏耍了出来。没想到，老师从他的一招一式中看到了他的潜质，认为他是个学习戏曲的好苗子。二话不说，就把他录取了。

多年之后，李彦宏才醒悟到，儿时他迷恋的不只是戏剧，更是那个活力四射的舞台。站在台上，展现自己的风采，所有人都会为你叫好、鼓掌，这种热烈的气氛深深地吸引着他。其实，虽然李彦宏没有走上戏曲舞台，但是他一手打造的百度企业，不正是站在世界的舞台上，引领着时代的发展吗？

正当他被剧团录取之时，家中发生了一件大事，也正是这件事的发生，令李彦宏转变了想法，及时改弦易辙。

当时，全国刚刚恢复高考，李彦宏的大姐凭借着优异的成绩，考上了大学，一时之间成为当地家喻户晓的新闻。全家人也都陷入了长久的喜悦之中。与上学相比，戏曲这条路确实狭隘、艰辛了不少，但是父亲并没有专制地想要扭转李彦宏的兴趣，而是尊重他的选择。只是在这一决定之下，跟他进行了一次长谈。

父亲引领着李彦宏对自己的人生做了一个规划与比较，最终得出，想要有一个更为辉煌和光明的前途，那就只有考大学这一条路。于是，经过一番抉择的李彦宏，最终决定，放弃戏剧，专攻学习，要像大姐一样出人头地，有更大的理想和抱负。

之后，慢慢地，李彦宏将精力逐渐回到学习之中，对戏曲的兴趣也淡了。假若他当初毅然选择了戏曲这条路，那么可能山西晋剧会出现一个长袖善舞的梨园名角，而 IT 界则少了一位科技精英和时代引领者。

李彦宏的父母虽然是普通工人，但幼年时都受过私塾教育，日常也都十分喜爱读书。家中的书籍与一般工人家庭相比，是比较多的。

李彦宏从小在父母和姐姐们的带领下，把家中的不少书籍都阅读了一遍。《三字经》《世说新语》《东周列国志》等书籍，都是他最常翻阅的。

由于热爱阅读，慢慢地李彦宏就喜欢上了写作。将自己的想法，通过笔尖表达出来，成为一句句字词优美的话语。这令他十分痴迷。久而久之，他的写作水平越来越高，作文常常被老师当作范文来朗读，成为了一个名副其实的作文小高手。

但是不得不说的是，这一切都是努力练习得来的结果。最开始的时候，他的写作水平并不高。

在课堂上，老师朗读别的学生的作文范本时，他发现那些作文被朗读的小朋友都十分自豪和骄傲，同学也都会向其投以赞扬的目光。这使他十分心动。引起了他强烈的好胜心，他心想："大家身处同一个教室，自己也不比别人差，凭什么自己的作文不能被当作范本?"这一想法激励了他。

随后，他给自己制订了学习计划。力争在一个月之内，将自己的作文提升到范文水准。每天回家的第一件事，就是缠着姐姐，给她背诵几篇自己在学校利用课余时间背诵的几篇优秀作文。除此之外，还坚持每天写日记，学着用心观察生活，将这一天的琐事和感想用文字记录下来。

就是通过这样坚持不懈的努力，李彦宏成功地在一个月内完成了自己的目标。至今他还记得，他第一次被朗诵的作文是名为《23个100》的感人篇目。他描写了一个从农村来的地理老师，通过自己生动又质朴的讲课风格，赢取了学生们的好感，不仅成了学生们的知心大朋友，还带领着他们领略了地理学科的风采。在期末考试时，学生们不负努力，全班有23个学生地理考了满分。

李彦宏的这篇故事精彩、感情充沛的作文受到了老师和学生们的一致好评。自此之后，他的作文经常被当作范文朗读，成为他童年时期光彩的一部分。不得不说，李彦宏对生活的细心观察、思考和体会是其日后成功的基石。

## 考入重点中学
## ——敢于挑战不可能

转眼无忧无虑的童年时光已经逝去，李彦宏进入了叛逆期，来到了中学时代。初中，李彦宏就读于工厂子弟学校，学校教学条件和质量都非常一般，由于大多数学生毕业后不是选择去上技校，就是顶替父母的工作去工厂上班，所以能够升入重点高中的名额简直是寥寥无几。

李彦宏虽然头脑聪明，成绩也不错，但就是玩心太大。下了课不是痴迷于跟同学斗棋，就是与同学三五成群地四处晃荡。甚至在临近中考的几个月前，还玩得不亦乐乎，丝毫没有考取重点中学的想法。

老师看着他的这种状态，很为之担忧。特意将他叫到办公室苦口婆心地劝导了一番，可谁知，他竟然不以为然地说：“我的功夫都用在课堂上，下课放松一下才能提高效率，事半功倍。”老师听到这一句吊儿郎当的话，不免动怒说：“再这样下去，恐怕你连重点高中的门都找不到。”

想必，日后这位老师一定非常惊讶，那个在中考前还不在状态的小伙子，是怎样以全校第二名的成绩考入重点高中——阳泉一高的？可能更为震惊的还在后面，这位貌不惊人的顽皮少年竟然成了改变中国人互联网生活的科技大亨。命运就是这样不可预料。

事实上，李彦宏听着老师的教导，表面上看起来很不以为然，但是早已将老师的话记在了心里。看着昔日一块儿嬉笑玩闹的小伙伴们也逐渐认真起来，他也逐渐感到了压力和紧张的气氛，并且意识到了中考的重要性。因为他认为，假若自己没有考上阳泉一高，就不能考上大学。考不上大学，自己就要一辈子待在这个小地方，永远没有出头之日。这对心气颇高的李彦宏来说，是不能够忍受的。

想到这里，李彦宏的内心布满了愁云，不免开始沮丧起来。姐姐们看到他这一副丧气的表情，嘲笑他说："怎么考个阳泉一高就那么紧张，我们都是从那里出来的，看来你是不行啊。"

姐姐们无心的玩笑话，瞬间点燃了他的斗志。他突然意识到，姐姐们都能做成的事情，他也一定能行。凭借着这股不服输的劲头儿，他暗暗下定决心，一定要考上阳泉一高。

为了实现自己的这一目标，他制订了颇为详细和周密的学习计划。在认真完成老师布置的作业之余，还做了一个错题本，将自己出错的题，都记录下来，仔细分析和研究出错的原因及需要掌握的知识。事实证明，这一学习方法非常有效。凭借着这一方法，李彦宏的成绩稳居高分榜。

不出所料，李彦宏果然考上了阳泉一高，但是让所有人都吃惊的是，他以全校第二名的成绩进入学校，与第一名仅仅差了 0.1 分。当然，这与自身的努力和勤奋是分不开的。

成功考入重点高中的李彦宏，进入了人生中颇为关键的一个阶段。

升入高中之后，他也褪去了一些少年时的稚气，变得不那么贪玩，稳重、内敛了许多。而且他丝毫没有偏科，文科与理科的成绩都很优异。

但是相对来说，他是比较喜欢文科的。这与其从小就喜欢读书有关。他有一个本子，专门记录自己摘抄的一些名家作品的句子，并写有自己阅读后的心得体会。不论什么时候，他都是那个热爱观察与记录的文艺少年。

在逐渐到了需要文理分科的时候，现实情况是理科比较容易找到好工作，一般来说，家长多会建议孩子选择理科。

面对这一选择，李彦宏也十分犹豫。一方面他比较喜欢文科，另一方面又不得不考虑现实发展。百般纠结之下，他决定让成绩说话。但是比较下来，虽然自己的理科成绩很高，但文科也不差啊。不知道如何是好的李彦宏想出了一个办法，他要到各班打听一下，考取第一名的同学选择了什么科。

于是，经过他的一番调查，发现几乎同年级的每个班的第一名都选学了理科。不服输的李彦宏自然不会放过这个一决雌雄的好机会，他毅然决然地选择了理科。有了足够较量的对手，这件事令他十分激动。这一选择看似十分简单和草率，但对他的未来发展却有着不可估量的影响。正是有了他的这一选择，才使得 21 世纪的中国出现了一位不可取代的 IT 界精英。

但是不得不提的一件事是，这位叱咤风云的 IT 界男士，在高中时也曾因为计算机而深深受挫。

对于大城市的学生来说，计算机不算什么稀罕物。但是在小地方，学生一般很难接触到这一新兴事物。李彦宏第一次见到计算机，就是在升入阳泉高中之后。而且这一东西，还十分珍贵。不仅机房地上铺的是地毯，配置有空调，学生进入前要脱掉鞋子，换上拖鞋，方可踏入。就这样，学生一般也很难进入机房。

学校成立了一个电脑兴趣小组，只有班级名列前茅的学生才能够加入。于是，成绩优异的李彦宏顺利地比同年级学生先接触到了计算机。而与其他较为发达的地区的学生相比，他接触计算机的时间却不算早。

高中二年级的时候，山西省举办了一次计算机编程大赛。李彦宏以阳泉区第二名的成绩成功入围太原决赛。但是没想到，结果却不尽如人意。考试时，在规定的时间内，他没有完成所有的题目，与奖杯失之交臂。而且比赛的前三名全都被太原考生纳入囊中，因为当时阳泉中学的学生根本没有太原学生接触计算机那样便利的条件。

虽然这次考试结果不尽如人意，但是让年少气盛的李彦宏认识到了一山更比一山高的道理。经过一段时间的调整之后，李彦宏失落的心情逐渐有了好转，在时隔几个星期之后的周末，他与同学相伴来到新华书店，发现了一本关于计算机编程的书籍，当即就买了下来。

通过阅读这本书籍，他很快就找到了自己考试失利的原因。他认为，一是由于阳泉与太原相比，计算机教育水平本就落后；二是自己技不如人。谁也没有想到，就是源于这一次的简单测试，改变了他不久之后的高考志愿的填报。

从少年时期的李彦宏身上，我们可以看到他不屈不挠的性格，敢于向挑战冲锋，一旦下定目标，就不会左右摇摆。面对失败时，也不会过于沉溺于消极情绪之中，而是能够从中汲取经验，总结自己的不足。

## 圆梦北大，正青春

### ——男人，请勇敢追逐梦想

经历了文理分科、计算机编程比赛等事件之后，功课日益繁忙的李彦宏逐渐步入了高三。他两年前许下的诺言及其理想能否实现，就看高考这一战了。

备战的号角声已经响起，李彦宏表现得比任何时候都要沉着、稳重与努力。中考时他纠正的错题集只有一本，而现在早已有五六本了。面对每一张模拟试卷，他都以认真、细致、严谨的态度去面对，不放过任何一个细小的知识点。

久而久之，不仅他的基础知识掌握得很牢固，就连一些提高题也不在话下。

想起高一那年暑假，李彦宏跟随着考入北京大学化学系的三姐来到北大校园。进入北大校园的那一刻，他就被吸引了，这里的景色与人们都散发着渊博、智慧、理想的光芒。当三姐与当时还是她男朋友的姐夫一起送他返程回家时，三姐夫对没有陪他好好逛逛北大校园而感到歉意，谁知李彦宏摆摆手说道："两年后我还要回来，我要以一个北大主人的身份出现，我的梦想在这里，两年后我要让梦想就此绽放、腾飞。"

不服输、不认输的李彦宏，凭借着自身的努力与热情果然在高考时考取了高分，顺利进入了北京大学。不过出乎所有人意料的是，他没有选择自己喜爱的计算机专业，而是选择了一个理科中比较偏文性质的图书情报学专业。

想必他做这个决定，一方面是想顺从、弥补自己热爱文学的内心；另一方面是在计算机比赛中的出师不利，也使他升起了暂时休整的念头。

就这样，一个既热爱计算机又迷恋文学的有志青年李彦宏步入了人生中最灿烂的年华，来到了北京大学，圆了自己两年前许下的诺言。

带着对未来的诸多欣喜与憧憬，李彦宏度过了高三的暑假，迎来了自己辉煌的时刻，步入北大校园，正式成为其中的一分子。可是现实总是有不如意，以阳泉高中第一名的成绩考入北京大学的李彦宏，很快就受到了第一次打击。

原来当时很多同学将图书情报学专业的学生，看作第一志愿没有录取，调换而来的。这对一向心高气傲的李彦宏来说非常难以接受和认同。但更令他为之受挫的是，这个专业的计算机教育非常简单，丝毫没有难度和提高，与其他专业相比，程度差了好多。

在他原先的设想中，图书情报学应该会学习信息检索的理论及相关计算机数据库的知识。假设计算机专业的学生只学习计算机的话，那么与他们相比，情报学专业的学生掌握的知识范围更广。

但是事实并非如他所料，不过这一专业的学习也为他日后创造百度企业奠定了基础。在专业受限的情况下，李彦宏并未消极沮丧，反而积极奋发地为自己寻找、拓宽出路。为此他做了人生中非常重要的三个决定。

第一个决定就是去感受这座充满历史古韵的校园活力与生机，尽可能地去丰富自己的知识，纠正自己的思维结构，对世事能有一个自己的看法，而不是人云亦云、随波逐流。

于是他来到了北大著名的信息聚集区——三角地。北京大学大讲堂的南边，有一个 T 字路口，这是教学区通往宿舍区的必经之路。在路与路的交会处，立着几棵塔松。塔松四周摆放着很多宣传布告板，上面贴着各种各样的广告和宣传信息。

三角地是李彦宏常去的地方，在这里他搜集各种讲课的信息。他喜欢听这些来自各个专业领域的泰斗级人物的讲话，喜欢知识与知识之间的交臂，喜欢智慧的光芒在其中闪烁。俗话说，真理是越辩越明的。混杂于各个专业的讲座之间，李彦宏听得多了，再加上勤于思考，自然对世事就形成了自己的见解和看法。

而且当时各种辩论活动在高校校园内简直就是一条亮丽的风景线，从小就热爱舞台艺术的李彦宏自然不会放过这一好机会。他活跃着参加辩论活动，与辩友们驰骋于刀光剑影的辩论场中。不仅言语会碰撞出火花，思维也是如此。辩论活动使李彦宏学会从各个角度去看待问题，也极大地扩展了他的语言水平。

第二个决定就是丝毫也不放弃对计算机知识的学习与精选。既然本专业的计算机课程不能满足他的需求，那他就只好去选修或旁听计算机专业的课了。

第三个决定是在三姐的激励下树立的。当时他正沉浸于校园文化的多姿多彩时，一个振奋人心的消息传了过来。三姐已在北京大学硕士毕业到美国纽约去留学了。

与此同时，当时大学生留学的现象非常普遍。校园内疯狂流传着一本《北京人在纽约》的书，这本薄薄的书籍给了年轻气盛的李彦宏不少的冲击。那一句“如果你爱一个人，就送他去纽约，因为那里是天堂；如果你恨一个人，也请送他去纽约，那里也是地狱”简直成了一时间人人都会说的流行语。

而且三姐在美国留学后给他传达的信息也都非常具有诱惑和吸引力。当时，中国的经济正在迅猛前进中，社会结构的调整与变化让很多人都大跌眼镜，许多有知识有文化的人反而不如一些底层的技术人员吃香。他的许多校友在大学毕业后都入了机关单位，过着平淡无味的生活。生性叛逆、倔强的李彦宏从不会在现实面前低头，他要披荆斩棘，为自己开出一条康庄大道。

目前看来，想要让自己有更大的发展空间，唯一的途径就是出国。而出国留学的第一道门槛就是要先通过托福考试。

为了顺利通过托福考试，李彦宏又过起了与书本、图书馆相伴的日子。他买了许多托福考试的复习资料，每天不是出入于图书馆就是食堂或宿舍。

对于李彦宏来说最难的莫过于听力，北京大学虽然配备有听力教室，但是没有老师指导，只能自己下功夫苦学。为了在听力考试中取高分，李彦宏一有时间就跑到听力教室，一个人戴上耳机，认真练习。

除此之外，丝毫不会松懈的李彦宏常常在图书馆一待就是几个小时，直到肚子饿得咕咕叫或者闭馆时才离开。

功夫不负有心人。在托福考试中，李彦宏一举取得了高分，顺利拿下了第一张通行证。接下来，他又面对第二个难关，那就是申请留学学校。

李彦宏大学所学的图书情报学专业使他在选择上非常受限，很多学校根本没有与此相关的专业，想要拿到奖学金是非常困难的。很多同专业的学生是研究生毕业后才去的，像他这种本科毕业就选择留学的人少之又少。

但是好在李彦宏大学期间并没有放弃自己的爱好，一直在学习计算机专业的相关知识，丝毫不比科班出身的逊色。于是在申请留学时，他选择申请的就是计算机专业。

成功的路上从来没有捷径，直到大学毕业时，李彦宏才拿到了一个学校的图书情报学专业的录取通知书，但是遗憾的是没有奖学金的支持，李彦宏在办理签证时遭到拒绝。

但是，老天从来不会辜负有心人。1991 年的秋天，李彦宏接到了美国布法罗纽约州立大学计算机专业的录取通知书，而且有全额奖学金。

接到录取通知书的李彦宏非常兴奋，只要不放弃梦想，它就会到来。现在他要重新回到正途，返回自己的航线——计算机专业。带着这份憧憬和愿景，李彦宏在 1991 年的末尾顺利出国留学。

# 留学海外的日子

## ——坚持和努力就是胜利

时值冬季，李彦宏来到了冰雪覆盖下的纽约。在入学的前几天，三姐带着他到处闲逛，正是圣诞节，大街小巷都被装饰得极具节日气氛。浓烈的异国风情深深地吸引着李彦宏，展现在他眼前的一切都是那么新鲜而有活力，这正是他所追求与期待的。

游玩之后的李彦宏，顺利地来到学校报到。由于布法罗深受特殊气候的影响，一到冬天，简直就是一个不会融化的冰雪世界。不论是严寒的气候还是学校的学习氛围，都给予初来乍到的李彦宏不小的冲击。

一直以来都处于名列前茅的优等生李彦宏，在没来美国之前，常听人说美国的学生不如中国学生。来到这里之后，发现事情并非那么简单。在物理、化学、数学等一些学科的知识结构中，美国学生确实不如中国学生掌握得好，但是在一个崇尚自由与创造力的国家，计算机专业的学生可就没有那么简单了。

这所名列美国前二十名的大学，最初给优等生李彦宏带来的骄傲与自豪，逐渐被繁重的课程压力所削减。

一方面自己书面化的英语与当地口语化的日常语言之间还是有所区别的，刚来此地的李彦宏一时之间还没有适应过来；另一方面，耽误了半个学期课程的李彦宏在一些方面还有欠缺。种种原因促使其这一阶段的学习对他来说非常吃力。

与教授、同学一起开会讨论问题时，他的发言总是说不到正点上。别的同学三个小时都就够完成的程序，他则需要五个小时以上，对此教授们有些不太看好他。试想，一直以来都是以天之骄子身份存在的李彦宏，此刻在异国他乡，不仅功课时常赶不上，还要面临向他人求助的情况，他内心的挫败感可想而知。

但是没有办法，既然自己已经选择了这条路，就要不遗余力地走下去。不服输的李彦宏内心燃起了熊熊斗志。他白天上课，晚上补习英语后再继续学习编程理论，几乎每天都要忙到凌晨两点。周末大家都会出去狂欢，他则在图书馆一待就是一整天。这样重复的日子，他坚持了很久。

后来，在回忆其这段经历时，他不免感叹说："开始那段生活，心里确实觉得苦，但年轻就应该吃点苦，这样才能坚强起来啊。我出国不是一帆风顺。因为换专业，刚到美国学计算机，很多功课一开始都跟不上，自信心很是受挫。但抱怨毫无用处，只能咬牙挺过去，用成绩和事实找回自信。"

年纪轻轻的李彦宏，面对挫折，从来就有一股迎难而上的勇气。这份勇气很值得他人钦佩。

除了学习上遇到的困难之外，李彦宏留学生涯遇到的第二个难关就是照顾好自己的生活起居。在北京大学上学的时候，除了操心学习之外，吃饭有食堂，睡觉有宿舍，生活中的一切事都不用多加操心。但是来到美国之后，就不一样了。

居住的地方是与他人合租的别墅，李彦宏只占有一间房。整栋别墅的电费、水费、取暖费用都需要大家分担，公共区域的卫生也需要大家分担。因为整日都将精力放在学习之上，所以好多次的别墅值日，他都忘记了。为此，室友没少提醒他。而且对于此地的严寒气候也略微有些不适应的李彦宏，习惯性地会将屋内的温度调得稍高一些，因为这样，大家也埋怨过他将温度调得过高，导致取暖费用直线增加。

其中最让他感到头疼的就是吃饭问题，一直以来都没有做饭经验的李彦宏，为此可伤透了脑筋。已经习惯了中国饮食的他，对于美国的一些饮食习惯实在是无法适应。学校虽然设有餐厅，价格也比较低廉，但是食物过于单一，吃来吃去就那几样，味道也过于一般。自助餐厅的食物种类很多，但是动辄就要十几美元的花费，对于穷学生来说，很难接受。

为了解决自己的饮食问题，李彦宏常常从超市买回来许多鸡块、鸡翅等食材，用电饭锅提前炖好，每当下课回来后就可以直接吃了。留学这几年，李彦宏没少吃鸡肉，以致他对鸡肉产生了过敏，只要提到鸡肉，就忍不住想要吐就是那时候留下的硬伤。

由于布法罗地处寒冷地带，每到冬天，就俨然一个冰雪之城，人们出行非常不便。李彦宏居住的别墅距离学校还有很长的一段距离。很多学生配备了私家车上下学，但这对于李彦宏来说是不可能的。

有一趟巴士通往学校与住所之间，但是学校距离巴士站有很长的距离，要走十几分钟才能到。气候良好的时候还好，一到冬天下雪，步行就变得十分困难。要是遇上点困难，没有及时赶上最后一辆巴士，就只剩下待在学校计算机房过夜的可能了。

不仅上下学不方便，自己去超市购买食材等情况时，也十分麻烦。考虑了许久之后，李彦宏萌生了购买一辆便宜私家车的打算。但奖学金只够解决自己的生活花销，又不能伸手向家里要钱，只能更加节约度日，将每一分钱都尽量存下来。

此后，李彦宏就过上了越发节俭的生活，把每一分钱都发挥到最大化，久而久之，就养成了他节俭的好习惯。

几个月之后，他终于存够了一笔钱，买了一辆二手车。在这期间，最让他感到心疼的时候，就是在学车的时候，不小心撞到了别人的车，赔了将近500美元，而这几乎是他两个月的生活费。

自从有了车之后，李彦宏的生活便利了很多，再也不用为上下学的问题而担忧了。李彦宏常常在凌晨两点左右才从学校返回住所，此时由于气温太冷，车子一下子根本无法启动。每天夜晚，李彦宏就静静地坐在车里，边思考着计算机的编程问题，边发动车子。

回到住所休息几个小时之后，不到天亮，又驱车赶往学校，有一次由于天还未亮，地面比较滑，李彦宏开车时不小心与迎面而来的车撞上了，自己的后车镜也被撞坏了。但他急着去学校，没跟对方理论就摆摆手走了，没想到第二天竟然收到了一张法院传票。原来对方以没有等待交警前来处理就逃掉为由，将他告上了法庭。对此，深感异域文化冲突的李彦宏一时间真是百口莫辩。

留学生活的苦，一般人很难体会到。但多年之后，李彦宏却认为那是最幸福的日子。他说："大家都说出国是辛苦的事情，可是我真的没有感觉到这是在吃苦。即便是在吃苦，我也感觉吃这样的苦是一种幸福。我增长了很多的见识，有了各种不同的体验，尝试到了生活的酸甜苦辣。最重要的是我变得懂事而自立，人成熟了很多，每天的生活都是充实而有意义的。"

对于有些人来说，痛苦仅仅是痛苦本身而已，但是痛苦对于另一些人来说，是蜕茧成蝶的必经路程。

# 第2章
# 奋斗为本：踏入自主创业的征程

## 放弃博士学位，闯荡工商界
## ——鱼和熊掌不可兼得

在李彦宏最初的人生规划里，出国留学取得硕士、博士学位，是一条顺理成章的路，但是在逐渐的深入实践中，他的想法有所转变。

对于在校大学生来说，寒暑假是最好的接触社会、体验生活的时机，很多人会趁此出去实习、打工。李彦宏也不例外。

但是他想要的实习工作不只是薪资高，还要跟自己的专业契合，对自己的职业技能有所促进。在美国，从事一些刷盘子等的体力活，薪酬待遇是不错的。虽然李彦宏需要金钱来维持自己的生活，但是他并没有轻易选择这一工作，而是不厌其烦地在网上搜索招聘信息，看到跟自己专业吻合的工作，就发一封简历过去。

幸运的是，经过了一段时间的等待之后，有一家名为Matsushaita的公司以每小时25美元的实习薪资给他发出了邀请。而且非常有趣的是，当同屋的室友问他要去哪家公司实习时，李彦宏还颇为不好意思地说道："是一家名为 Matsushaita 的名字怪怪的小公司。"没想到室友听到，大惊失色地说道："这哪是一家小公司啊，这是大名鼎鼎的日本松下集团。"

闹了这一番笑话之后，李彦宏才知道，他即将前往实习的公司是业内的大佬——松下。松下信息技术研究所位于风光旖旎、宁静安详的城市普林斯顿。著名的普林斯顿大学就在这所城市。身处这一曾培育了无数科学研究者的地方，李彦宏的热情和斗志都被迅速点燃了。

实习期间，不仅工作环境十分优越，李彦宏的个人能力也得到了上级充分的赏识，从而有了很大提高。他独立提出了一种能够提高识别效率的算法，成功地赢得了上级领导的认可。甚至在实习结束后，松下专门打破惯例，继续以兼职的形式聘用他，还特别鼓励他将自己的这一成果发表出来。

后来，李彦宏在一次大型学术会议上宣读了这一成果，得到了业内权威人士的赞赏。在学校引荐之下，这篇成果发表在国际权威学术期刊《模式识别与机器智能》上。可以说，李彦宏的这一暑期实习，是非常有成果的，为他的履历表上添加了重要的一笔。

本来按照他预期的规划，他只要继续安心读书，拿到博士学位已经是唾手可得的事情。但是实习回来后的李彦宏，对这一切重新进行了思考。他认为于其待在学校，从事理论性的研究相比，他更加喜欢迎接现实中层出不穷的现实性问题的挑战。于是，他有了放弃博士学位的念头。

他思考了许久，还是决定将自己的这一想法告诉导师，没想到导师一点也没有阻拦的意思，反而十分支持。导师说："如果你感兴趣的是工业界的事，你也没有必要读博士学位了。"听完导师的这番话，李彦宏毅然决然地放弃了自己的博士学位，转而进攻工业界。

多年之后，李彦宏在接受记者采访时，还谈及了这次抉择，他说："当时也犹豫了挺长时间，两个星期左右。没有拿到的时候，你觉得没有必要下这个决心，拿到了就必须做选择了。那个时候在国内的人觉得到国外读博士是很风光、很体面的事情，后来我想到底是别人如何看你重要还是你自己真正高兴重要呢？我觉得真正有激情的东西，我做出来的东西能够让别人来使用，这是很高兴的事情，这是工业界的，不是学术界的。"

可见，李彦宏当年的这种思考是非常透彻和清晰的，他明白自己真正想要的是什么。于是，李彦宏以硕士学位结束了自己海外的求学生涯。

随后，李彦宏接到了两家公司的聘请，一家是在华尔街，另一家则在硅谷。最终李彦宏选择了在华尔街的这家公司。

因为他与这家公司的老板十分投缘，两人有一种相见恨晚的感觉。这家公司的老板是耶鲁大学的博士，曾在贝尔实验室从事了多年的研究工作，非常赏识李彦宏的技术能力，在他的再三邀请下，李彦宏离开了学校，接受了这家公司高级顾问的职位。

李彦宏踏入华尔街时，正是互联网商业化的时代，各大金融机构都逐渐建立自己的网络系统，各种最新技术也纷纷投入使用之中。使得李彦宏这一技术性人才颇有用武之地，发挥了很大的重要性。李彦宏设计的实时金融系统，瞬间火遍了华尔街，至今还有一些公司的各大网站仍在使用这一系统。

不知不觉的华尔街工作已经三年，这三年他从事的是金融信息系统，每天接触大量的金融新闻使其具备了足够的商业思维。但是他感到这三年自己是虚度的，只关注了一些表面化的东西，根本没有弄清自己真正在乎的是什么。

虽然在他看来，这三年是不值得一提的，但是对外人来说，他口中的不堪回首的三年依旧是非常璀璨耀眼的。

1996年4月，他前往赌城拉斯维加斯参加了一个有关信息检索方面的学术会议。在听演讲的时候，他突然灵光一现，想到可以将科学引文搜索机制跟Web上的超级链接结合起来。这就是超链分析的雏形。

从参加学术会议归来之后，李彦宏开始将自己的这一设想付诸实践。他发明了一套用超链分析对网页质量进行排序的方法和程序，还做出了一个搜索引擎的实验版。

李彦宏的这一发现，迅速引起了媒体的关注。以Wired、Search Engine Watch等为首的专业杂志对此做了专门报道和分析。

从他命名的人气质量定律来说，搜索结果的相关性排序并不完全依赖关键词的搜索频率，而是更多地依赖于超链分析。

简单来说，超链分析运用的是引文索引，他关注的不仅是网页的内容，更是这一网页上的内容被引用的次数。次数越高，说明这一网页内容越有价值，排名时就会越靠前。反之内容差、引用次数低的网页，则排名靠后。

李彦宏的这一革命性的发现，使他非常兴奋，仿佛看到了无限的商机和可能性。但是当他找到老板，将他的想法说明之后，老板并不十分赞同。当时这家公司已经被道琼斯收购，对上级领导来说，最赚钱的是编辑和记者，对技术性的开发并不关注和重视。

经过了一段时间的思考之后，李彦宏决定自己申请专利，但是老板却认为，这是他的职责范围的作品，应该由公司来申请。1999年7月6日，美国专利和商标局批准了这项超链分析专利，李彦宏是这项专利的唯一持有人。

通过这次事件，李彦宏开始对自己的职业规划有了新的思考。

他认为现当今所在的这家公司已经不能满足他对技术的探求，想要有更大的发展空间，就必须要另谋高就了。

面对人生中的诸多选择，人一定要学会听从自己内心的声音，知道什么是自己真正想要的。很多时候，鱼和熊掌不可兼得，要学会取舍，才能得到更多。

## 硅谷征战的不悔选择
## ——超凡的智慧

此时步入而立之年的李彦宏，正站在人生的十字路口，必须要做出抉择。但意志坚定的李彦宏从来都知道自己想要做的是什么？他是一个技术人才，他想要让更多的人使用自己的搜索技术。但在华尔街，人们更重视的是金融家，而非技术人才。所以，继续待在这里很难将自己的实力施展出来。

上天总会眷顾有心之人，机遇来得总是出乎意料。在一次平常的学术会议上，李彦宏登台演示了自己发明的超链分析技术。在演示之初就迅速吸引了一批互联网专家的注意和重视。专家们意识到面前的这个小伙子实力非常，他发明的这项技术不仅帮助人们摒弃了垃圾网站的信息，还迅速提高了搜索的速度和质量，有很大的发展前景。

这次的亮相使他一时间收获了许多公司的邀请，但其中只有Iofo seek 的老板——威廉·张打动了李彦宏。这位老板在会后亲自来到李彦宏的住所进行交流，真诚地对他说："我知道你是一位技术工程师，对于工程师来说，除了技术创新，最有成就感的东西是能够让千百人使用它。但你现在的公司是没有能力实现它的。如果你到 Iofo seek 的话，你的发明很快会有近千万人使用。"就是这简短的几句话，瞬间击中了李彦宏的心。

看着已经被自己说动的李彦宏，威廉·张又趁势追击地邀请了李彦宏到公司内部进行一场演讲。不出所料，李彦宏一到 Iofo seek 就被这里的气氛所吸引，从听众这里你可以收获到他们对技术的渴望与尊重。而这对于技术人才来说是非常重要的。他认为自己遇到了一位伯乐，遇到了一个能给自己机会施展拳脚的平台。

就这样，李彦宏正式离开工作了三年多的华尔街，转战硅谷。当他第一天就职的时候，威廉·张亲自站在门口迎接他。这让李彦宏非常感动，下定决心一定要做出一番成就，为公司谋利。果然，在李彦宏的带领下，在整个团队的严密合作之下，创造了第二代的 Iofo seek。在竞争激烈的硅谷，站稳了脚跟，引起了同行互联网公司的瞩目。

当时的硅谷，几乎每天都有新的互联网公司成立，同样也有很多公司的倒闭。优胜劣汰的生存法则在这里展现得更加淋漓尽致。目睹这一现状的李彦宏，事后运用业余时间创作了一本《硅谷商战》。

这本书的出现绝非偶然，而是一个喜爱观察的工程师的思考和智慧的磨炼。最初的苗头在华尔街时就产生了。当时李彦宏负责的是开发金融信息的检索系统，由于每天都要接触大量的金融新闻，无形中就逐渐形成了自己的商业思想、

他认识到，在这里，技术并不是成功的决定性因素，商业战略才是决胜的关键。有太多的公司输就输在了这一点。理解到这点之后，这位虽然没有正规的商业学习的经历，但他显然已经具备成熟

的商业思想和谋略。

总而言之，《硅谷商战》这本书中，不仅坦露出李彦宏对商业竞争的看法，更展现了其对自身的商业思维的锤炼和抒写的过程。而且从这本书中，我们也可以看到李彦宏从一个技术型人才向商人的靠拢，百度的萌芽就在这之中孕育。

在这本书的序言中，李彦宏恳切地建议和提醒到："我们不应该满足于简单的照搬硅谷的经济模式，我们要学会掌握其中的游戏规则，这样才能采取主动，人家做出个什么来，我们去做一个中文版，这固然重要，但是我们能不能按照这些新的思路，尝试一些别人没有的东西，让别人来超我们。无论是技术上还是经营上，中国都有很多很聪明的人，我们研究好了游戏规则就有可能打败对手。"

这本书体现出了一个技术人才超高的商业思维和谋略，更加体现出了一个隐藏的文学青年激情的爆发。

李彦宏最初进入 Iofo seek 的时候，一直秉持着要让 Iofo seek 的搜索技术名列世界第一的想法。多年来，他从未偏离过自己的理念。而最初的 Iofo seek 确实是一片适合技术人员打拼的天地。但随着行业的发展，这一公司的创业理念逐渐有了转变。特别是在 1998 年 4 月，迪斯尼宣布收购了 Iofo seek 40%的股权。这对公司的其他人来说是一件振奋无比的消息。

可是对于以李彦宏为首的技术性人才来说，这是一件不好的消息。意味着公司以后对技术的发展会逐渐薄弱和缺乏重视。

身为一个业内顶尖的技术人员，李彦宏想让自己开发的技术也一直处于顶尖的地位，他对技术的开发一直保持着深沉的热情和渴望。他希望公司能够加大对搜索引擎技术的开发力度，更进一步地扩大搜索网页的能力。但是公司决策者却认为，目前这一维持 6000 万个搜索量已经够用了，没有必要对此耗费精力和金钱。

这件事让李彦宏认识到，Iofo seek 属于他的美好时光已经一去不复返了。而他运用成熟的商业思维，很清晰认识到，随着互联网行业的日益发展，搜索应用必定会是一个很有发展前景的商机。

无论是在华尔街还是在硅谷，在一定的时候，他的方向总会受到限制，总是处于被动执行的地位，从来不能杀伐决断地自由行事。这样的状况让他越来越难以忍受。他知道，自己一直处于这样的境地，就因为他不是一个决策者，没有足够的权力。下一步该怎么办？是走是留？李彦宏陷入了沉思。

如果想要让事情按照自己的意愿发展，就必须走独立创业这条路。那么创业有两个选择：一是回国；二是在美国。凭借着自己的超链分析技术和顶尖的技术背景，他有信心能够拉拢到相应的投资，而且对美国的市场环境也十分熟悉。但是不容忽视的是美国此时的互联网发展已经相当成熟，对搜索应用这一领域的开发，也有很多公司目前都在进行中。综合考虑，留给自己的发展空间并不是很大。

正好 1998 年的夏天，清华大学邀请李彦宏回国给国内的技术人员做一次演讲。这场演讲几乎座无虚席，甚至很多人全程都是站着听的。结束后，以搜狐为首的员工，直接对李彦宏说说：“你有这么好的技术，还不回国创业？我们搜狐买你的技术。”这番话，这次演讲，给了他不小的触动。

紧接着，1999 年 10 月，为了祝贺中华人民共和国成立 50 周年，政府邀请了一批海外学生、学者等著名人士回国庆祝。李彦宏也在其中。

这次回国，李彦宏更加深切地感受到了祖国的变化和迅猛发展。而互联网行业作为一股新兴产业正在中国如火如荼地发展着。很多人的名片上开始印有邮箱地址，衣服、挂历、海报上等都有了“.com”的标志。人们对于互联网的热情和探索都深深地感染了李彦宏。他清晰地认识到，中国的互联网大环境已经足够成熟了，这一片天地有着无限的发展前景。

回国创业的想法开始盘旋在他的头脑之中。但是此时的他手中握有 Iofo seek 将近 50 多万美元的股权还没有兑现，经过一番抉择之后，他认为自己现在的资金储蓄足够家人生活两三年了，而摆在眼前的这一大好的机遇，绝对不能错过。

## 寻找创业伙伴
### ——珍惜改变命运的时刻

经过了一番深思熟虑后，李彦宏做出了决定，毅然辞职，踏入自主创业的征程。由于他自身是一个技术性人才，根据自己多年积累的商业经验来说，此刻他需要寻找一位在市场开拓领域比较擅长的人，这样两个人可以相互弥补不足。

他一边寻找商业合作伙伴，一边开始起草创业计划书。在最初的一段时间内，事情进行得颇不顺利。不仅寻找的几位合作伙伴都以失败而告终，就连自己计划书的创意也被他人窃取了。

正当李彦宏无从下手的时候，他的妻子——马东敏不经意间给他提出了一个建议。“为什么不考虑一下徐勇呢?”就是这一句话，点醒了李彦宏。是啊，自己怎么把这个人给忘了呢！正所谓，众里寻他千百度，那人却在灯火阑珊处。

徐勇是何许人也？1982 年就读于北京大学生物系，1989 年获得生物学硕士学位后，在美国洛克菲勒基金会的资助下，前往美国得州 A&M 大学攻读博士学位，后在加州大学伯克利分校做博士后工作。

除此以外，还曾在美国两家颇为有名的跨国公司担任高级销售经理一职，荣获过杰出销售奖的荣誉。说起徐勇，他不仅与李彦宏一样，同是怀揣抱负，不甘待在学校从事科研理论性的工作；也与李彦宏的妻子马东敏有共同之处，同样都是生物学博士，都担任过高级销售经理的职位，在一次聚会中相识。

而最为人称奇的是，徐勇不只是在市场开拓领域有专长，在商业运作方面也独具慧眼。在硅谷时，曾多次受邀给来自中国大陆的高级政府官员介绍硅谷的风险投资和创业文化等。1999 年，与他人合作创立 Cybercalling.com 公司，这个名不见经传的网络电子商务公司在短短的六个月内就实现了盈利。而且徐勇与硅谷多家商业团体有着密切的联系，长期为诸多新兴高科技公司提供商业咨询。

让人更加没有想到的是，1998 年，徐勇作为制片人之一，拍摄了一部名为《走进硅谷》的纪录片，之后中国多家电视台都有播出，使更多的人领略到硅谷的风貌。1999 年这部纪录片在美国斯坦福大学首映，吸引了很多人的注意。其中也包括李彦宏。

虽然李彦宏与徐勇在妻子马东敏的介绍下于 1997 年就认识了，但是由于两人由于学术类别不同，并没有太多的共同话题，所以也仅是泛泛之交。但是现在，在对徐勇有了更加透彻的了解后，加之亲眼见识到了徐勇的热情和才气，使得李彦宏越发肯定，这就是自己冥冥中一直在寻找的合作伙伴。

于是在《走进硅谷》的首映式上，李彦宏就紧紧地拉住徐勇的手，对他说：“我有个计划，明天来我家详谈吧?”

事情结束后，徐勇第二天如约来到李彦宏的家里。刚坐下来，只见李彦宏就拿出了一份保密协议，深知硅谷商业风格的徐勇，二话没说，就在保密协议上签了字。

等徐勇签完字后，李彦宏直入主题，对徐勇说："我们一起回国创办一家互联网搜索公司吧？"然后拿出了自己的创业计划书给徐勇看，并将自己的一系列规划向其全盘托出。听完李彦宏的创业计划后，一时间徐勇有些犹豫。因为此时在美国最红火的是 B2B 商业运作模式，先前与别人一起创办的 Cybercalling.com 电子商务网站，在短时间内就迅速获利。

李彦宏对此有不同的理解，他认为："当前，B2B 虽然很火，但是已经有很多家公司都在做了，我们现在进去没有优势。而国内在搜索引擎方面还处于一片空白，不太火热。但是再过几年，这个领域一定会引起一片热潮。"

就是这一句"再往后看两年"，一下子就说服了徐勇。虽然与李彦宏并没有多深的交集，但是他认为眼前的这个人值得与其合作，共同开创一份事业。

随后，他们两人对彼此在公司的股份、职务及公司的发展规划等，都进行了更进一步的讨论。李彦宏也给徐勇两个选择：一是按照硅谷的常规做法，徐勇出去帮忙找钱，给其 1%的提成；二是两人共同创业，给徐勇四分之一的股份。最终，徐勇毫不犹豫地选择了共同创业。

多年之后，谈及这段创业经历，徐勇在访谈中说道："1999 年底，当时的美国举国上下都在笼罩在互联网的热潮之中，所有人都在谈论'网'，我们预感到中国的互联网今后会有一个很好的发展。创业的冲动使我和校友李彦宏走到了一起。"

而此时摆在他们面前的首要任务，就是拿到第一批融资。就这样，两个怀抱着共同愿望的中国人，走在了一起，向前出发。

# 第 3 章
# 百度之父：引领中文搜索引擎风向标

## 赢取 120 美元的融资
## ——诚信是最好的营销手段

互联网行业的迅猛发展，引发着无数投资商的注意。在硅谷，只要你在这方面有 idea，就会有投资商闻风赶来，主动询问你相关事宜。但不幸的是，李彦宏与徐勇的创业赶得非常不是时候，现在不是互联网行业的黄金期，而是泡沫破灭期。风险投资商们的眼光逐渐挑剔、谨慎起来，想要成功说服他们显然不是一件容易的事。

但是，即便在如此情况下，李彦宏与徐勇想要拉到投资，也不是不可能的事。李彦宏有过硬的技术支持，徐勇有广阔的人脉和市场资源。

但是，他们并不急于成事。经过多年为他人做嫁衣的经历，李彦宏一心想要做个决策者，有权力调控公司的全局。所以，为了这一目标，也为以后的融资奠定基础，李彦宏与徐勇在初次融资中只制订了 100 万美元的计划。

之后，平常不爱开车出行的李彦宏，开始每天开车在风险投资商聚集地旧金山沙山路等地活动，寻找合适的投资商。

凭借着广阔的中国背景、顶尖的技术支撑和丰富的人脉资源等有利条件，他们的这一创业项目很快就吸引到了一些投资商的注意。一般来说，风险投资者衡量一个初创企业是否有投资价值的标尺之一就是，是否具备不可替代的技术能力。而这一点，风险投资商们完全不用多虑。

不只是风险投资商在找他们，李彦宏和徐勇也在四处考察着风险投资者。他们重视风险投资商背后的商业价值，所以说选择一家有背景、有价值的风险投资者比其他的条件都重要。

经过一番考察之后，有三家投资商找到了他们。经过再一次的细心了解，李彦宏与徐勇拒绝了其中不太理想的一家。也就是说合格的只有最后两家。

那就是半岛基金和Integrity Partners。不得不说的是，如果不是徐勇在拍摄纪录片期间与半岛资本合作人Greg打过交道，这批融资不会这么顺利。半岛基金在加入的同时，又引来了具有搜索引擎背景的风险投资公司Integrity Partners.

商议之后，最终决定由这两家共同融资。在谈判桌上，投资商显得非常谨慎，不停地询问各种问题。还旁敲侧击地说："Robin，你认为目前在搜索技术方面，谁排前三名?"出于谦虚和礼貌，李彦宏说出了前公司老板威廉·张及其他两人的名字，并未将自己排名进去。不一会儿，其中一位投资商走了出去，回来后似乎春风满面。原来他给威廉·张打了电话，亲自询问了关于李彦宏的问题。但是没想到，威廉·张不假思索地对他说："在搜索技术方面，世界排名前三的人中，一定有李彦宏。"这一句话，更加坚定了投资商们的信心。

又经过一番讨论之后，投资商们突然问道："Robin,你多长时间能把这个搜索引擎做出来?"李彦宏思忖过后说："大概需要六个月。"但是投资商们觉得这个时间太长了，就说道："我多给你些钱，难道不能早点做出来?"

投资商们的这番话，让李彦宏一时间有些错乱，但他没有动摇，目光坚定地回答到："不可以，这不是钱多钱少的问题。我不能这样做，我必须要为我做出的东西负责。"虽然李彦宏拒绝了他们的这一要求，但是他的回答，比答应还要强上一百倍。这充分说明了李彦宏为人的诚实，能够为自己的承诺负责。

最终，两位投资人共同决定，要给他们投资 120 万美元，而不是他们所要求的 100 万美元。这一消息，让李彦宏与徐勇非常震惊，没想到短短的一席话竟然能够为公司多拉来 20 万美元的投资。

不只是相信他们的能力，更是被他们的诚信所打动，两位投资人才会破例多投资了 20 万美元。随后，李彦宏在不到四个月的时间内，就将这个中文搜索引擎制作出来了。

而多年之后，谈及这一投资，两位风险投资商还不免十分得意地说道："百度的喜人成绩，使得这笔数额并不大的投资成了我们在亚洲最成功的一次投资。我们当时看好李彦宏的原因就是，这个年轻人不太说话，会用行动兑现自己的承诺。"

拿到了创业的第一笔投资，李彦宏与徐勇两人随即就踏上了回国的旅程，展开下一步的计划。

## 招贤纳士，聚集人才

### ——成功需要志同道合的帮手

1999 年 12 月 25 日，李彦宏携带着120 万美元融资基金登上了返回中国的航班。冥冥中自有机缘巧合，这一天正是八年前，李彦宏出国留学的日子。

李彦宏的文学梦不仅体现在生活中的方方面面，就连公司的名称也有来历。辛弃疾的名篇《青玉案》中那句“众里寻他千百度，蓦然回首，那人却在灯火阑珊处”中的“百度”一词就被取用。

早在他回国之前，公司就在英国开曼完成了注册，在国内也有相关注册，全名就叫“百度在线网络技术有限公司”。

回到国内之后，李彦宏与徐勇就开始紧锣密鼓地四处招揽人才。他们找到的第一位员工就是国内著名的搜索引擎专家——北京大学计算机系副教授刘建国。除此之外，刘建国还是计算机网络和分布式系统研究室副主任，主持开发了国内第一个大规模中英文搜索引擎系统——天网、第一个面向消息的中间件产品——银燕。在软件开发管理、项目管理、部门管理等多方面，他都有着丰富的经验。

当时中国的互联网事业正处于起步发展状态，与国外火爆的程度根本无法相比。而搜索引擎这一领域在国外也没有引起很大重视，在国内关注的人更是凤毛麟角了。刘建国就是这少之又少的人才中的顶尖分子。其实刘建国的大名，李彦宏很早就有所耳闻了。1998年，李彦宏应邀来清华大学开设讲座时，就因为对他开发的“天网”系统很感兴趣，特意邀请他前来参加，但是，由于刘建国当时有事务缠身，就没有见成面。

随后，在李彦宏回国参加新中国建立50周年典礼庆祝会上，果断做出回国创业的想法之后，再一次想起了刘建国这个人。便按照天网系统上留下的E-mail地址给他发送了邮件，介绍了自己的创业计划和对搜索引擎的一些看法，并邀请他一同加入。

刘建国收到邮件后，很快就给了回复。对于创办搜索引擎公司，刘建国是十分同意的，但是他不知道，这个还未曾谋面的人是否值得他冒这个险。所以他只是在邮件中跟李彦宏不断地探讨与搜索引擎相关的话题。但不可否认的是，两个人无论是关于技术的见解，还是对互联网行业的看法及搜索引擎的前景等方面，都十分契合，可谓是志同道合。

但当时刘建国刚被学校提升为副教授，级别还是最高的那种，再过几年必定会升为教授。社会地位、房子、车子都有了，生活安逸舒适，日子过得顺风顺水。要他一下子抛弃这一切，跟着一个刚成立的公司从头再来，事情并没有那么容易。

但另一方面，刘建国对这一项目又非常动心，便通过各种关系调查了李彦宏的简历、工作、成就及人品等各个方面。令他没有想到的是，收到的评价与反馈都很出色，称赞李彦宏有很强的创新精神，也是全球搜索引擎领域的顶尖人才，并且为人可靠。

经过这番调查之后，刘建国对李彦宏更加欣赏和信赖。认为李彦宏是一个可以与之共同谋事的人，心里暗暗起了辞职的决心。就这样，两个还未谋面的技术专家，以邮件的方式切磋联系着。虽然刘建国一直没有给出肯定的答复，但是对于国内这一顶尖人才，李彦宏自然不会轻易放弃。

在徐勇先行回国后，李彦宏就让其专门邀请刘建国一起吃饭。一是联络感情、加深彼此的了解；二是拍一张刘建国的大头照。因为迄今为止，李彦宏还不知道刘建国的真容。之后，很多内部员工知道了这件事情之后，就打趣到李彦宏与刘建国的这一段交往就是著名的“李刘网恋”。

一向热爱挑战、不甘于平庸的刘建国，经过长时间的准备工作后，终于做出了加入百度的决定。即使身边的同事和家人都很不理解和支持，但他依然向学校递交了辞呈，离开了这份稳定而充满荣誉感的岗位。

因为他既被李彦宏与徐勇两人的诚意所打动，也有志与他们一起放手一搏，开创中国互联网事业的新天地。这是一件多么令人激动的事情啊！

刘建国这一国内顶尖人才成了百度第一名员工，这给了事业初创期的李彦宏与徐勇莫大的勇气和支持。

随后，为了招募更多的人才，12 月 26 日李彦宏在清华大学与北京大学的贴吧网站上纷纷发布了招聘软件工程师的消息。帖子一经发出，当天就收到了很多学生的回应。

时值冬季，这一天异常寒冷，但依旧无法阻挡前来应聘人的热情。仅这一天，就有好几拨人前来。其中就包括郭眈、崔珊珊、雷鸣、王啸等四位百度员工。

前来应聘的大多是将要毕业或刚刚毕业的研究生，他们不仅拥有过硬的技术和能力，还充满了热情与活力。这一切更加鼓舞了李彦宏一行人的斗志与豪情。

当时郭眈就读于北京交通大学博士三年级，是百度创立之初招聘的第一批在校实习生。他认为，做一件别人从未做出的产品出来，是一件非常酷和值得自豪的事情。他本人就非常喜欢引擎搜索这一个领域，刚好有一个具有挑战性的工作出现了，他毫不犹豫地就抓住了。与他的期望一样，进入百度之后，他就开始了自己的研发工作，不到一个星期，就写出了百度搜索引擎的第一行编码，这令他十分着迷。于是就随着自己的兴趣，一直干下去。现在已经成长为百度的高级技术总监，带出了一大批优秀的技术人才。

崔珊珊与郭眈一样，都是最早加入百度的在校实习生。当时崔珊珊是中国科学院的一名研究生。回忆面试那天，她还清楚地记得，自己在寒风中骑着一辆自行车，匆匆赶来面试的情景。李彦宏脖子上带着一条细细的金链子，穿着一件雪白的短袖。整个人看起来很年轻、很有活力和干劲。面试结束后，她还胆怯地提出自己只做半年的实习生，因为她还有半年才能毕业。这份胆量和底气，令李彦宏十分看好面前这位年轻但不稚嫩的姑娘。

雷鸣是北京大学计算机系2000届的硕士毕业生，也是中国重点科研项目“天网搜索引擎”的核心成员及检索组组长。经过一番抉择之后，雷鸣认为中国搜索引擎大有前景，便放弃了美国好几所大学全额奖学金的录取，加入了百度，成为最早的一批百度员工。他主要负责搜索引擎的设计和实践工作，曾带领团队，阻挡了Google中文的冲击，确保了百度中文搜索的顶尖地位。

王啸是北京邮电大学2000届的硕士毕业生。他在论坛上看到一个名为百度的创业公司正在招人，职位正好与她的专业对口，公司的性质与她自身的前景规划也都相符，二话不说，就投递了简历。从工程师、技术经理、产品经理、企业软件运营总监等一路做到客户端软件部总监，见证了百度从初创到上市的全过程。

郭耽、崔珊珊、雷鸣、王啸四人就这样加入了百度，作为百度的第一批员工，他们的贡献不容埋没。人们将他们与李彦宏、徐勇、刘建国这三人，一起称为百度“七剑客”。虽然随着时间的流逝，这些人有的已经离开了百度，但正是由于他们最初共同的坚守和努力，才使得百度迅速发展和壮大。这一份功绩和汗水是值得铭记的。

## 果断立下两条铁律
## ——没有规矩不成方圆

当时国内的互联网公司一般都在高档的写字楼里办公，而李彦宏却与众不同，他将公司的地点选在了北京大学资源宾馆的两个房间内。之所以选在这儿，李彦宏有自己的考虑。

一是为了节省资金。虽然有 120 万美元的融资，但是这批预算要用在更值得花费的地方。二是与北京大学相靠，更加有利于吸引优秀人才的聚集。他的这一做法是标准的硅谷做派，硅谷很多互联网公司都将公司的地点定在了斯坦福大学周边。如此一来，老师和学生兼职工作起来就很方便。

一切都按照李彦宏的预期在发展。当时北京大学资源宾馆正好就剩下四楼的两个房间。一个在楼道的转角，空间面积大些，适合集体办公。另一间在四楼的中间，面积不足 20 平方米，可以作为私人办公室使用，李彦宏就将公司的行政和财政部门等安排在这个房间。

2000 年 1 月初的一天，李彦宏、徐勇、刘建国、郭耽等七剑客，第一次聚齐在了办公室。虽然办公室正处于装修阶段，连一张桌子都没有，但是看着这间承载着梦想的工作室，所有人的脸上都带着欣喜与期待。

郭耽还颇为兴奋地说道："前几天还是在脑子里想象着这个公司，一眨眼，我们的公司终于成立了，过几天就能运营了，真的没有想到刚面试完没几天，我们就有了自己的栖息地，就要展开拳脚了。"

这一番话，说出了大家共同的心声。是啊，就要大展身手，创造属于自己的辉煌了。这本身就是一件无与伦比的幸福的事。

2 月初的一天，办公室刚装修完毕，一行人就按捺不住激动的心情，伴着浓烈的油漆和新家具的味道，急忙搬了进去。稍大的房间内桌椅已经摆放完毕，甚至还辟出了一个茶水间，桌上还放有一些零食点心类的食物，方便大家在饥饿时补充体力。就这样，在简陋的房间内，百度七剑客正式开始工作。

可以想象，最初仅凭这七个人开发搜索引擎软件时，其中的艰辛和劳累自然不在话下。几乎每个工作日，大家都通宵达旦地工作着，没有人喊累，没有人提出休息，大家都默契十足地为着一个共同的目标而奋斗着。夜已经很深了，但办公室的灯还亮着，一行人还在热火朝天地忙碌着，时不时发出几句讨论声。

有的人实在累了困了，就到楼道里透透气，放松紧张的神经；有的人干脆就到卫生间用冷水洗把脸，自然也就清醒了。就是在这种不分昼夜的工作激情中，百度的搜索引擎软件才能比原先预订的时间早出两个月，提前完工。

在这个表面上看起来比较宽松、自由的团队中，有着两条不容触疑的铁律，是李彦宏在百度正式成立的那一天颁布的。当时办公室还在装修，七剑客们聚在李彦宏居住的酒店，讨论公司日后的规章制度。

只听李彦宏不假思索地说道："一是不许抽烟，二是不许带宠物。"大家听后面面相觑，问道："就这么多啊？"他们都以为李彦宏在开玩笑，随着公司的不断扩张，这两条规矩哪够啊！但没想到李彦宏坚定地说道："我觉得，就这两条，已经足够了。"自此以后，这两条规矩就成为百度的明文禁令，至今还在沿用。

而且现今，在百度大厦的办公楼里，有为员工免费提供的健身房、睡眠室、瑜伽室等，就是没有吸烟室。毫无疑问地说，百度是中国最早的"无烟企业"。

据百度员工爆料，由于公司内部无处不在的烟雾感应器，导致很多同事觉得吸烟太麻烦，干脆就戒掉了。

对于这两条"怪异"的规定，很多人认为这是李彦宏从美国硅谷借鉴来的管理经验，最大化地减少对员工的束缚，发挥他们的创造性。但与美国硅谷又不完全相同，因为毕竟是在中国，还要结合国内的环境。于是就做出了"不带宠物"的洋规定，"不许吸烟"的中国化规定。

但其实，李彦宏做出这两条规定，也是存在一定的私心的。一是因为他自身对猫、狗等宠物有过敏反应。出国留学时，就因为室友养的猫猫狗狗没少受苦。但是当时大家居住在一起，屋子又不是自己的，所以没有权力和资格命令他人不许养猫狗。但现在不一样了，他是一个决策者，要是让突如其来的猫狗吓着岂不是太丢面子。所以理所当然地做出了“不许带宠物的禁令”。

二是李彦宏本人不喜欢抽烟，且对烟味很反感。要是整个办公室被一群烟鬼弄得烟熏火燎，那还得了。舒适的环境才能促使人更加努力，于是“不许抽烟的禁令”就这样产生了。

而且员工内部还流传着李彦宏“抽烟”的一件趣事，那就是在百度的一次年终晚会上。一个名为毕胜的员工以“让李彦宏抽烟是不可能的！”这一题用2000元作赌注跟另一名员工打了赌，也就是说，如果这个人能让李彦宏抽一口烟，毕胜就服输给他2000元。

没想到，晚会进行到一半时，这名员工拿着一支烟，跪在李彦宏的面前，要他自吸一口烟，没想到，李彦宏没有丝毫犹豫，就拿起了烟吸了一口。

这一下，让毕胜等人都惊呆了。只能愿赌服输给了那名员工2000元。只见这名员工接到钱后，转而给了李彦宏1000元。

原来这名员工早已用1000元收买了李彦宏，两个人商量好了要演这出双簧。此后，这件事就成为公司内的一件趣谈。

## 抢占80%的市场份额
### ——出手不狠就永远失去机会

在大家共同的努力之下，百度1.0版本提前两个月面世。其实早在软件开发的初期，李彦宏与徐勇两人就到处与各大网络公司联系，提前推广百度研发的最新搜索技术。

功夫不负有心人，经过一段时间的努力，终于签下了第一个客户。那就是国内著名的硅谷动力。作为知名的网络公司之一，硅谷动力能够采用百度 1.0 版不仅是认可这一项技术，更是无形中给百度这一初创公司做了宣传。

2000 年 5 月的一天，在硅谷动力正式启用百度 1.0 版的前几分钟内，百度七剑客纷纷放下手中的工作，围坐在郭耽的电脑桌前，等待着第一条搜索记录的出现。只见第一条搜索记录，“天安门前玩滑板的张朝阳”，紧接着第二条、第三条，渐渐屏幕上的日志成了滚屏。每一条搜索记录，都代表着一位用户在使用百度搜索技术。

将近 120 多天的通宵达旦，都在这一刻得到了释放。他们的努力终于转化成了价值，令无数人使用他们的技术，这是最值得兴奋的事情。

随着百度 1.0 版的投入使用，李彦宏决定召开一次新闻发布会，正式将这一技术宣扬出去，让更多的人知道它，使用它。

于是李彦宏带着整个团队在北京香格里拉饭店正式召开了新闻发布会。怀着对这一项技术的陌生和好奇，这一天到场的记者非常多。发布会开始，李彦宏简单地给记者们讲解了几点关于搜索引擎的技术后，就开始演练展示。但是没想到，就在这一重要的环节，突然出了差错。网络连接不上，硅谷动力的网站试了多次都无法打开。

本就不怎么懂的记者们在台下一头雾水，不知道发生了什么。站在台上的李彦宏面对这种情况也束手无策，一时间无法知道问题出在了哪里。一边向记者们表示歉意，一边示意他们提问题，但是在将近十分钟的冷场时间里，没有一个记者起身提问。就这样，百度的第一场新闻发布会就以面面相觑告终。

在发布会结束之后，他们才找到了原因。原来负责新闻发布会相关流程的年轻员工，轻言相信了酒店员工的话，没有亲自确认网络是否能正常使用，才导致了这一次失败现场。

但是，知道了实情的李彦宏并没有责怪这位员工。反而将大家聚在一起，安慰众人说："对于一个刚刚成立五个月的小公司来说，就能召开新闻发布会，这本身就是一种成功。"

为了扫除大家心头的雾霾，李彦宏还做出了一个十分形象化的比喻，而从这一比喻中，也可以窥见李彦宏对百度发展方向的定位及规划等。他说："每一台电脑，最核心的东西就是 CPU，Intel 的 CPU 做得最好，只有使用了 Intel 的 CPU，才能说这台电脑的性能是有保证的。而对于互联网来说，它的 CPU 正是搜索引擎。百度现在所做的，就像电脑里的 CPU 一样，是网络的 CPU。"简而言之，也就是在说，百度现在所做的工作，正是互联网行业的核心，是最有价值和支柱的东西。

李彦宏在美国生活了八年，华尔街与硅谷的商战，他都亲身经历过，并且对于互联网行业的运营模式，他也都十分熟悉。在他的《硅谷商战》一书中，可以看出，在这些方面，他的理解都很透彻。所以说，美国的这一套商业规则对他的影响是很深的。

面对着中国互联网行业的发展背景，李彦宏经过一番审查，推出了百度初期 ASP 商业模式。简而言之，ASP 全称为 Application Service Provider，即应用服务供应商。也就是说，百度以为各大网站提供搜索引擎技术来获得收益。

事实证明，这一商业模式很快就为百度打开了市场，在成立不到五个月的时间里，顺利签下"硅谷动力"这一大客户，迈出了一大步。

其实在这之间，国内的几个大型门户网站，如搜狐、网易、新浪等，使用的搜索引擎技术都是来自国外或是中国台湾等地的，根本没有一家使用的是中国大陆本土提供的搜索引擎技术。

但是百度的出现打破了这一格局。自它2000年6月正式全面推出以“最大、最快、最新”为口号的中文搜索引擎后，就迅速占领了国内市场。

2000年5月，百度在成立之初，就顺利签下了硅谷动力这一大客户。

2000年8月，百度开始为搜狐提供搜索引擎技术。

2000年8月，百度进一步研发推出了面向企业级用户的网事通信息检索软件。

2000年10月，百度与新浪展开合作。

2001年1月，百度为263网站提供搜索引擎服务。

……

在国内为数不多的几家搜索引擎公司中，百度在创立之初，就一举夺得了头筹，并一步步地占领了国内80%的搜索引擎市场。这一成绩是大家有目共睹的。

对于李彦宏来说，他相信自己的技术，相信整个公司团队的实力。只要能抓住时机，勇往直前，就会到达所向披靡的境地。

## 竞价排名模式的成功转型

### ——创新带来重大转机

李彦宏在《硅谷商战》这本书中写道，当时比尔·盖茨打败业界巨头IBM的故事令他感触颇深，他深切地认识到：“高科技产业的竞争，其实技术本身并不是唯一的决定性因素，商战策略才是真正决胜千里的关键。”

现在百度正好走到了这一节点之上。百度虽然在技术上遥遥领先，占据国内搜索引擎80%的市场，但据内部人员透露，大型门户网站每年支付的技术费用只有几十万美元。百度提供技术服务每年的收入在700万至800万美元之间，而这点收入根本无法达到收支平衡，总的来说，百度尚处于亏损状态。

而且2001年是互联网行业的寒冬期，国内几大知名网站，如新浪、搜狐、网易等都接连遭遇变故，一些元老级别的人员纷纷离开，使得业界的氛围更加凝重。大型的网站尚且如此，那就不用说小型的门户网站了。大型裁员和破产倒闭几乎是它们共同的命运。

在这种情况之下，百度在搜索领域还能抢占80%的市场份额已经非常不易，但是，面对现今这个惨淡的局面，百度再不突围，无异于作茧自缚。前方的路并不好走，可谓步步惊心。此时，百度每个月都要召开一次大型会议，而会议的重点只有一个，那就是如何转危为安，如何获得盈利。

但是大家提出的各种方案，分析和尝试下来都不尽如人意。李彦宏充分地认识到，凭借着提供技术支持，将自己的命运交由他人掌控，这太过危险。经过多次的实践后，他决定以转型的方式带领百度杀出重围，全新推出自己的门户网站，以竞价排名的模式收益。

所谓竞价排名，也就是说，各大企业通过在搜索网站上注册自己产品的相关信息，百度根据企业出价的高低，控制搜索引擎显示的先后顺序。当网民搜索相关信息时，出价高的企业的产品信息就会排在靠前的位置出现。通过这种方式，企业以少量的花费就可以获得大量潜在客户，百度以出售搜索引擎技术方转向了竞价排名服务的提供方。

而这一改变，与其最初对公司的定位是有出入的。这一提议，不仅公司的董事会成员不赞同，投资方也不支持。他们认为百度不应该放弃他的既定方向，冒着绝大的风险，去走一条少有人走的路。

因为一旦他们这样做，建立自己的网站，直接向用户提供搜索服务，这将与他们的技术提供方搜狐、新浪等形成竞争对立关系，一定会失去他们既有的客户。如此一来百度将如何生存。

这是董事会及投资方的考虑。李彦宏可不这样想，他是这样想的："我一心想将公司做大，出卖技术做不大，就要找别的出路，新出路怎么样，我不知道，但总比静等着不行动的事要强。"

李彦宏此时孤家寡人地站在了所有人的对立面上。就连他最初的合作伙伴徐勇也极力反对百度向竞价排名模式转型。2001 年的一个下午，李彦宏在电话会议上与分散在各地的董事们发生了激烈的争吵。怒吼着"我不做了，大家也都别做了，把公司关闭拉倒"，就挂断了电话。

最终，在多次的争吵和协商之后，董事会们同意了李彦宏的这一决策。就这样，在 2001 年 8 月，baidu.com 正式发布运行，意味着百度从后台技术提供者走向了前台，成为独立自主地搜索服务的提供者。对百度的发展来说，这绝对是浓墨重彩，有着历史性意义的一笔。

2001 年 9 月，百度在国内又首开先河，推出了竞价排名业务。其实，最先提出竞价排名模式的是美国的搜索引擎公司 Overture。李彦宏在美国时，就对这一模式很感兴趣，通过对 Overture 公司运营方式的分析，他对竞价排名的理解越来越深。但由于在创业之初，这一模式找不到认同的投资商，只能暂时作罢。

而此时，在互联网行业的惨淡期，这一模式的出现可能会为百度打开一扇窗口。事实证明，李彦宏的这一抉择是正确的。百度的“你想要的，正在找你”的搜索引擎竞价排名业务，刚一推出，以搜狐、网易为首的各大知名网站就纷纷加盟，进入这一全新的领域，渴望分得一杯羹。

据资料记载，当时3000万名网民中几乎有51.3%的用户经常使用搜索引擎，以此看来，绝大多数的网民是各大企业的潜在用户。而搜索引擎这一工具既满足了网民获取信息的途径，也帮助企业扩散了知名度和产品信息等，是一举两得的事情。但是不可忽视的是，网民们大多数只会对排在前面几条的搜索结果感兴趣，靠后的都没有耐心去翻阅。

在这种情况下，竞价排名的优势就体现出来了。这就是百度营利的关键点所在。据不完全统计，当年有超过800个门户网站加盟了百度的竞价排名业务。大家都看到了其中的前景。因为中国的中小企业将近有2000万家，多种多样的产品名称也有100多万种。就算只有十分之一的产品参与竞价排名，那么错综复杂的关键词排列开来，这其中的市场潜力是不可预估的。

就连当初最不看好竞价排名业务的徐勇，在接收这一项目之后，也发出感叹说：“有的公司买了数千个关键词，用来推广多种不同的产品，但大多数竞价排名用户是中小企业，他们发现按照效果付费的方式能够给他们带来以前想象不到的订单。”

这种顺应商业发展的运行模式一经提出，就引起了中国互联网行业的轰动，而百度也抓住机遇，加速发展，逐渐扭亏为盈。

每年农历七月初七，俗称中国的七夕节。旧传是在这一天女子都会向着织女星祈求智巧，后加入了牛郎与织女的爱情传说，就衍变成象征爱情的节日。传说这一天是一年一度的牛郎与织女在鹊桥相会的日子，女子们在这一天仰望星辰，渴望看到牛郎与织女星的相会，祈求上天赐予她们心灵手巧的能力和遇见如意郎君的福分。

就这样，这一中国古代传统节日流传至今，成为中国的情人节。毫无疑问，在这样一个表达爱意的日子里，鲜花绝对是最为畅销的产品。很多商家在距离这天很早之前，就做着宣传蓄势准备。

百度人员发现，在临近这一节日时，“情人节”“七夕”“鲜花”等与这一天相关的词语，都会被频繁搜索，甚至能位居搜索榜单前十位。这对于百度和一些企业来说，都是很大的商机。

为了扩大销售量，很多做鲜花等生意的电子商务网站纷纷参与到竞价排名的业务之中。据不完全统计，一家做鲜花零售生意的电子网站在某年 8 月 3 日的凌晨提交了“七夕”关键词，到上午 8 点多之后，后台统计这一词语的搜索量就达 500 多次。而那些更早提交关键词的企业，访问量更不在话下。

莎啦啦鲜花网的工作人员介绍说，加入百度关于七夕节日的推广与宣传之后，在七夕节前后，每天从网上接到的订单是平日的三到四倍。互联网的高速发展，给他们的生意带来了转机和盈利。

相类似的是，最早加入百度竞价排名业务的张家界某一旅游企业，对此也有很大感触。他表达说，自从他为网站注册了“张家界、张家界旅游、旅游胜地、张家界导游”等相关的 24 个关键词之后，网站每天的访问量比过去多了三到五倍，电话访问也多了很多，客户数量也呈上升增长。这一切的变化都是在互联网搜索的帮助之下完成的。

所以说在互联网行业不景气的时候，李彦宏用自己的商业智慧和勇气带领百度这一初创企业，成功转型，突出重围，站稳了脚跟。

# Chapter 4
# 上市传奇：华尔街掀起中国科技浪潮

## 情报比导弹更重要

### ——知己知彼，百战不殆

商场如战场，在这个信息高速发展的时代，想要立于不败之地，不仅要扩充自身企业的核心实力，还要时刻了解对手的状态。俗话说得好，知己知彼，才能百战不殆。在可能的情况下，要抓住有利时机，为自己造势和谋求发展。

不可否认，百度在这一点上就做得非常好，能够运用互联网巨大的舆论效应，用最低的花销制造一场轰动，直接打响了百度的招牌。2002 年 3 月 12 日，这个看似风平浪静的一天，却汹涌着一股巨流。网络世界的一场腥风血雨已然降临。

夜晚时分，《北京青年报》的一位记者接到百度市场部总监毕胜的一通电话说，去新浪的搜索引擎上看看，会有新闻可爆。这位记者抱着半信半疑的态度，急忙去新浪搜索上查看。只见，输入关键字点击搜索之后，赫然出现了几个大字，那就是“因新浪欠费，百度暂停对新浪的搜索服务，如需更好的搜索结果，请登录 www.baidu.com。”

这一新闻一经爆出，无论是在网络还是现实世界几乎都炸开了锅。第二天，各大媒体新闻的头条都是“新浪欠费，百度停机”等。由于后台搜索引擎技术服务是由百度提供的，所以新浪无法自主消除这一行字。只能赤裸裸地面对公众的讨论。那么，事情是如何发展到这一局面呢？

原来新浪在2002年的春节前，有一个季度的技术费用迟迟没有付给百度公司。百度这边多次派人去要，均被以财务人员请假为由，拒绝支付费用。数次索要无果之后，李彦宏、徐勇等人经过一番商议之后，才做出了这一决定，对新浪停机。

在采访时李彦宏说：“百度曾多次提醒新浪按照合同付款，但是直到停止服务的那天下午，百度不仅没收到钱，还收到新浪不准备付款的回复。百度只能做出暂停服务的决定。”

对于这一事件，新浪执行副总裁陈彤说：“新浪与百度之间的事不会是因为财务人员的拖延而造成的，新浪手头有大量资金，不会因为这么点钱而损害自己的名誉。”从这句话中，可以解释出百度与新浪的这场事故，其实另有隐情。

一时间，很多媒体报道说，当时欠技术费用的不止是新浪一家，搜狐也在其中。主要是百度与搜狐协商之后，达成了协议。搜狐继续向百度支付搜索引擎技术的费用，而百度也要向搜狐支付因为竞价排名业务而占用的搜狐门户网站的流量费用。这一说法随后也得到搜狐相关人员的证实。而百度在与新浪的协商中，则没有谈成功，这才爆出了停机事件。

关于新浪的这一说法，遭到了百度市场营销总监毕胜的澄清，他说，百度确实因为竞价排名业务与新浪商议过，并且失败了。但这是发生在停机事件之后，而不是之前。停机的原因很简单，就是因为欠费。

其实说起来，这一事件之所以能够闹得这么大，也多亏了这个营销高手毕胜。百度本来是一个为各大门户网站提供搜索引擎技术服务的后台公司，现在它拥有了自己的网站，转型来到了前台，只有不断地增加曝光量，才能使人们认识和了解百度。

而新浪欠费，正是一个绝好的契机。作为国内业界龙头之一的新浪，闹出停机的新闻，一定会在短时间内引起轰动，而百度作为停机的甲方也会因此曝光在大众的视野之下，这真是一个绝好的营销机会。

毕胜凭借着自己的职业敏感度，将这一想法迅速告诉了李彦宏和徐勇。他们听后也很认同这一做法，当即就通知技术部门执行这一决策。就这样“因新浪欠费，百度暂停对新浪的搜索服务，如需更好的搜索结果，请登录 www.baidu.com”的新闻以极快的速度传到了大众的视野之下，免费给百度打了一个极好的营销广告。

这件事情，经过媒体的大肆宣扬和发酵之后，新浪很快就支付了拖欠费用，百度在停机 21 小时后，恢复了对新浪的技术服务。但是不可否认的是，双方已经因为此事结下了仇恨。2002 年 7 月，新浪与百度继续合作了一个季度之后，果断终止了合约，转而投向 Google 的怀抱。

虽然因为这次不愉快，百度失去了一个新浪这一老客户。但其实细究起来，百度通过此事的获益远比它失去的要多。自 2001 年 9 月起，百度推出自己的门户网站之后，因为是一个名不见经传的小网站，所以每天的访问量也不过是两三万而已。但是经过新浪停机新闻的舆论效应之后，百度的知名度一下子大增，网站的访问量也是之前的几倍之多。

通过这次事件，百度可以说是一战成名，顺利走入大众网民的视野之下，但百度并没有就此停下步伐，而是乘胜追击，继续快马加鞭地前行。

百度认识到，只有建立强大的用户群，拥有足够的自主流量，才能抵御其他网站的侵袭。明白了这点之后，百度规划了一场大规模的营销革命。为了配合这次宣传活动，百度甚至斥巨资制作了一部名为《九月营销革命》的电影。

这部电影分为三个部分，第一部分以生动形象的画面讲述了百度利用自身先进的科学技术，在不到三年的时间内成为世界最大中文搜索引擎的过程；第二部分讲述国内首例“按效果付费”的搜索营销模式的实现方式；第三部分则由中小企业负责人在镜头前用现身说法的方式，讲述了搜索营销为企业带来丰厚利润的感人故事。

这一场盛大的营销革命，所在之处，深圳、青岛、石家庄、沈阳、西安等城市都场场爆满，参会者的情绪都被迅速地激发和感染。

百度的这套新的营销策略，不仅像一场龙卷风一样，刮遍了中国各地，使越来越多的人知道百度，使用百度，也使得各大企业客户充分认识到竞价排名业务的价值，更扩展了百度分散在各地的营销代理商的数量和范围。总而言之，这是一套非常适合百度当前发展需要的营销策略。而且通过这一形式的宣传，也帮助很多有需要的人获得财富。这是一桩功德无量的好事。

比如，当时有一家名为“快乐坊十字绣”的网站在互联网上点击量很高，是十字绣领域的第一名。但不为人知的是，经营这家网站的其实是一位高位截瘫的青年——陈磊。每天，年迈的母亲帮助他打开电脑，他就用自己能动的两个手指操控着键盘，开始了一天的网上生活。

少年时的陈磊因为得了一场重病而高位瘫痪，几乎全身都不能动。父亲为了帮助陈磊走出困境，给他买了一台电脑，可以不用出门，就能知道和做很多事。勤奋好学的陈磊很快就学会了用电脑做平面广告设计工作，但是由于他的身体条件，几乎没有公司愿意雇用他。

为了能够自食其力，陈磊想通过在网上开店的方式赚钱，先后开过小灵通、鲜花等店，都不尽如人意。

直到一个很偶然的机会，陈磊了解到了十字绣。它既没有保质期，也便于邮寄，操作方式也比较简单、规范。谋划了一阵，借了同学几百块钱，陈磊就开了“快乐坊十字绣网站”和相关论坛。

这种外表美观、价格低廉的手工商品很受人喜爱。逐渐的，光顾他的网站的人越来越多，每天发货的订单也逐日增加，收入已经基本足够维持他的生活所需。

一个偶然的机会，百度郑州的营销代理商结识了陈磊。看到他的这一状况，非常感动，主动给他更换了一台液晶电脑，并想方设法地帮助他扩大网站的知名度。在了解到百度的竞价搜索业务之后，陈磊很是动心，也希望能够加入进来。

百度高层管理人员知道了他的这一情况后，二话不说就免去了他的推广费用，免费给他做宣传，希望能够帮助他改善生活。

经过了几个月的宣传推广，“快乐坊十字绣网站”的访问量比之前增加了好几倍，生意也越做越好。随着十字绣生意的日渐兴隆，陈磊甚至还雇用了两位跟他一样也是高位瘫痪的残疾人，一同打理网站和生意。

百度的营销理念就是，只有更好地帮助别人才能有所收获。他们本着为客户负责的态度，帮助他们获得生意上的成功，往往这些人获得成功之后又会选择去帮助更多的人。这种助人为乐的风格是值得流传的。对于百度来说，客户的成功也从某种程度上代表了它的成功。这是相互作用的。

比尔·盖茨曾经说过一句话：“将您的公司和您的竞争对手区别开来的最有意义的方法，使您的公司领先于众多公司的最好方法，就是利用信息来干最好的工作。您怎样搜集、管理和使用情报将决定您的输赢。”在竞争如此激烈的商业环境中，优胜劣汰是绝对的生存法则。而情报的搜集，对于一个企业的发展来说，有着不可估量的作用。

据资料分析，绝大多数的企业设有专业的部门负责情报的搜集工作，其中有些已经建立了相对成熟的竞争情报系统。调查显示，情报系统对企业的贡献率分别是：微软为17%、摩托罗拉为11%、IBM为9%、惠普为7%、可口可乐为5%等。可见竞争情报系统的操作性的成功已经得到证实。但是在国内，与企业日益迫切的现实需求形成对比的是，由于没有科学有效的方法，尤其是先进的IT技术的支持，在这一块儿的发展还处于一片空白。看到了这一发展潜力的李彦宏，再一次敢为人先地走在了最前面。

2002年7月，百度与中国竞争情报研究会一同举办了主题为“竞争无处不在，情报尽在掌握”的全国巡回演讲会。在此期间，百度正式推出了业界第一套竞争情报系统。

这套系统基于科学的情报管理理念，运用一流的IT技术，将情报计划、情报搜集、情报管理与情报服务整合为一体。在极大地帮助企业对整个竞争环境和竞争对手进行全方位监测的同时，还能最大化地搜集和分析商业竞争中企业的优劣势和潜在的发展机会，从而帮助企业建立强大的情报中心。

在一系列的巡回演讲中，李彦宏以“情报比导弹更重要”作为开场白，瞬间引爆全场。随后来自百度公司和中国竞争情报协会的众多专家，一边为来宾详细介绍这一竞争情报系统的情况及运用方案，一边实际进行了操作演示，引起了参会者的浓烈兴趣。而这些参会者几乎涉及各个领域，有金融、IT、消费品等，这一场场巡回演讲，可以说是各行各业的大聚会和交流。

可以说，百度公司与中国竞争情报研究会共同举办的巡回演讲是非常成功的，吸引着国内众多知名公司的市场与信息部门的高管参加。在北京、上海、深圳的三场演讲几乎场场爆满。运用科学的理念、深刻的分析、真实的案例及实用的方法和为不同行业量身打造的解决方案，都是演讲的精华，也是吸引着诸多参会者目光的价值所在。

从现场的情况可以看出，企业想要建立自己的情报系统的意图非常明显。而百度此时推出的这套竞争情报系统，正好满足了众多企业对信息的需求，填补了这一重要环节的空白。毋庸置疑，这也将引发企业相继建立情报竞争系统的热潮，而这股力量，又会推动着企业朝着信息化进程发展，大力提升企业的综合竞争力。

果然不出所料，在百度推出这套竞争情报系统两个月之后，神州数码、中国石油化工、中国移动等企业都继加入了这套竞争情报中。海尔集团在经过一番仔细的调查和研究后，最终还是决定与百度合作。

在这之前，海尔集团搜集情报的过程非常复杂和烦琐。首先需要专门的人员上网进行细致搜索，其次要定期进行筛选，最后将可信赖的情报素材进行分类整理，汇报给各个不同的部门，满足它们的需要。其实不只是海尔集团这样做，许多企业搜集情报的步骤与细节大同小异。

但是在加入了这一竞争情报系统后，将整个搜集的时间缩短了80%左右。搜集、整理情报的步骤都是这一系统的工作，情报人员只负责专门的分析和判断就行了。

据海尔集团的情报部门的人员说，自从加入这一系统之后，海尔集团日常的情报信息量增至 20 多万条，而其中有参考价值的信息量就有 4000 多条。这在之前无论如何也是达不到的。

不只是各大企业从中获利，百度公司也凭借着这一系统的推出，俨然成为国内情报软件界的龙头老大。占据了这一市场60%的销售额，有着以一汽集团、海尔集团、中国移动、神州数码、罗氏制药等为首的多家知名企业的加盟。这更进一步推动了百度的发展和壮大。

在搜索平台的基础之上，百度的这一竞争情报系统首先就为企业完成了信息搜集、过滤和整理的工作，极大地增加了企业实现战略目标的机会。而百度也通过这一软件，再一次稳固了其在业界的地位和声望。

但是随着百度不断的发展，从全局出发，考虑到未来的发展方向，百度在2006年6月份做出了撤销企业软件事业部的决定。就这样已经完成了自身使命的竞争情报系统，成为了过去，留存在百度腾飞发展的历史上。

不论这一竞争情报系统最终的命运如何，不可否认的是任何企业的发展都离不开它。百度公司在当年重磅推出的这一系统，成功地填补了这一市场的空白。不仅帮助了加盟企业知己知彼、百战不殆，也使自身脱颖而出，成为业界的巨头之一。

## 最懂中文的搜索引擎

### ——机遇总会留给有准备的人

自从百度成功转型，从幕后走向了台前，也就进入了一场形式更加严峻的厮杀，而充满野心的百度此时毫无退路，只能生猛地前进，取得更大的市场份额，加快公司上市的步伐。

随着百度搜索的成功营销，使用百度搜索的用户越来越多，而“百度一下”这句广告语也已深入人心，成为公众耳熟目睹的话语。可以说，百度的一步步前进，一点点成功，都是在为上市蓄势发力。就连公司内部高层的变动，也是为了这一目的。

2004 年 1 月，百度将公司原副总裁朱洪波任命为首席运营官，从负责公司品牌推广和企业软件业务转为负责公司整体运营。2004 年 9 月，李彦宏更改五年来一直不设首席财务官的决定，任命普华永道国际资本合伙人王湛生担任此职。经过一系列的调整之后，百度公司的高层阵容基本确定下来，李彦宏（CEO）、王湛生（CFO）、刘建国（CTO）、朱洪波（COO）、副总裁梁冬。这个全新的阵容队伍，不仅预示着百度的再一次腾飞，也表现了百度大刀阔斧前进的准备和决心。

2004 年 8 月，有媒体披露百度正在秘密收购全球最大的网址网站这一新闻，迅速引起了业界的广泛关注。当时正赶上“2004 年中国互联网大会暨亚太数字科技博览会”在北京召开，这一消息一经播出，当即就成为了大会的焦点。其实，当时不只是百度一家公司想要收购 Hao123 网站，有多家网络公司也觊觎着它。

为什么李彦宏想要收购 Hao123 呢？这一切都是为了百度将盘子做大，一步步地打通上市的道路。李彦宏认为互联网用户可以归为两类，一是搜索引擎的使用者，另一个就是导航站网站的使用者。随着互联网的发展，其中导航站的使用率和用户人数都会增加。将 Hao123.com 收入百度麾下，也就相当于把导航站使用者揽入怀中。这一顺应未来发展需要的计划，必定会给百度带来盈利。所以李彦宏才千方百计地想要收购它。而收购 Hao123 的资本运作，就交由百度首席财务官王湛生负责。

说起来，在费尽心机地把百度做大，为随后的上市铺路之余，将 Google 的威胁转化为合作是李彦宏等人的一盘棋。Google 是世界上最大的搜索引擎，而百度则是最大的中文搜索引擎。在百度之前，Google 占领着中国市场，而随着百度的日益发展，吸引了越来越多的用户，这在某种程度上已经削弱了 Google 的市场，对其产生了威胁。

为了捍卫自己的这块奶酪，Google 的 CEO 埃里克·施密特开始逐渐接近百度，期望能够通过投资控制百度的发展，从而继续占领中国市场。不得不承认的是，正处于起步发展阶段的百度，与早已成熟的国际化大公司 Google 之间却是有着一定的差距。但是这并不会影响百度专注开拓中国市场的决心和毅力，做全球最大的中文搜索引擎，是百度一路向前的目标。

2004 年，百度为了上市，开始进行第三轮融资计划，此时 Google 再也按捺不住，开始了自己的计划。李彦宏在一次访谈中提到说："谷歌通过第三方找到我，说想投资我们，我的第一反应是这怎么行呢，怎么能让公司的底牌都让对手知道了，后来又想，这轮融资是为了上市，如果谷歌投资了我们，那说明他认可我们，这对说服美国投资者有帮助，但我从来没想过要把谷歌卖给他。"

就这样，李彦宏同意了 Google 的投资计划，在这轮融资的 1450 万美元中，Google 就以 499 美元的投资，占了百度 2.6%的股份。但是此时的百度一方面有着自己的计划，另一方面又顾忌着 Google 的国际影响力，一旦惹怒了 Google,对百度来说可没有好结果。所以综合考虑，百度才接受了这次投资。

对于 Google 来说，成功投资了百度，在某种程度上好像就能够控制百度，遏制它的发展。但是出乎其意料的是，打着"最懂中文搜索引擎”标签的百度，业绩一路飙升，逐步占领中国市场，流量已经远远超过 Google，取得了相当不错的发展。

熟悉百度发展历史的读者，一定知道，2005 年 6 月 19 日的一条引起轩然大波的消息。这则新闻就是 Google 可能收购百度。而随后媒体也公布了 Google 的 CEO 埃里克·施密特秘密造访百度总部，洽谈收购事宜，百度有可能在纳斯达克门口被阻截收入谷歌囊中的新闻。

当时施密特来百度的时候带了一大队人，在双方交谈快结束时，施密特提出要跟李彦宏单独交流。在交谈中，他直接对李彦宏说：“听说你们准备前往纳斯达克上市，我们也刚刚上市，很有经验，可以给你们指导。上市真的不好玩，你们规模那么小，肯定不希望受到那么多约束，你们缺钱我们可以投资，高价收购你们的股份，我们组成合资公司，共同开拓中国市场。”

面对谷歌提出的这一诱人条件，李彦宏没有丝毫犹豫，就直接回绝说：“我们上市就像泼出去的水，收不回来了。”历经五年的发展，百度此时已经拥有完整的团队，顶尖的技术，稳定的业务模式，精准的市场洞察力，是全球最大的中文搜索引擎。选择在这个时候上市，能更进一步地推动公司的发展，体现公司的价值。

而李彦宏之所以选择在纳斯达克这样一个国际监管质量最高，对上市公司的各方面都有着严格要求的平台上市呢？自有其深意。因为李彦宏在一开始就将眼光立足于国际。在海外上市，不仅能够借助国际化的技术、人才管理等条件，改进公司治理，与国际化接轨，还能提升公司的知名度和影响力，为其走向国际市场添砖加瓦。

而且毫不含糊地说，在纳斯达克上市，使百度接受最高程度的检验，更能够促进百度在各方面以高水准要求自己，通过上市的契机，最大化地提升至国际化水准。如果不能打响自己的国际化品牌，如何与Google、微软等强硬的对手竞争呢！

其实，在李彦宏看来，百度上市不仅仅是为了提升商业价值，更有一份人文情怀在其中。采访中，李彦宏直接说道："希望自己做的事能够改变大多数人的生活方式，让足够多的人受益，这是我的人生理想和目标。上市只是利用资本市场，更好地把技术转变成产品，为更多的人提供有价值并且可以影响人们生活的服务。"

通过上述几句话，我们了解到了李彦宏的个人理想和信念，可以看出这是一个充满了社会责任感和使命感的人。

百度上市的脚步越走越近，2005年7月21日，百度正式开始了上市前的最后一战，以"化鸡为鸟"这一充满寓意性的标题进行一系列的路演活动。

所谓路演是国际上广泛运用的证券发行推广方式，是证券发行商与投资者在充分交流的条件下促进股票成功发行的重要推介和宣传手段，有助于促进投资者与股票发行人之间的沟通和交流，保证股票顺利发行，从而提升股票的潜在价值。

在路演的第一站香港，场面就十分火爆，而百度股票的购买量也是一路飙升，足以可见百度上市的势在必得。为了能够接触更多的投资者，李彦宏等人干脆租了一架小型飞机，连续辗转十几个城市。根本没有多余的时间休息，李彦宏带领着整个团队，每天都靠着咖啡提神，来支撑体力和精神上的疲惫。

在高强度的活动下，李彦宏等人的睡眠都是在坐飞机时补充的。一上飞机，基本就都睡着了。但是下了飞机，面见投资人的时候，每个人都是精神十足。据说，在一场路演中，李彦宏演说完毕，坐到台下之后，本来是拿着手机看短信的，结果就这样睡着了。这其中的辛苦自是不言而喻。

李彦宏的妻子马东敏参与了两次路演活动，虽然没有上台演讲，只是在台下陪同，但一天下来，也是累得直不起腰来。谈及这次经历，她说："我知道那有多苦有多累，那种精神上和肉体上的压力不是一般人能够受得了的。看见李彦宏和他的团队每天来回跑，连续不停地跑了十几个城市，只能靠咖啡提提神，路演这 20 多天，瘦了十几斤，心里真是疼啊！"

从马东敏的话中，我们可以侧面了解到路演的辛苦和不容易。而李彦宏和他的团队都是当之无愧的"铁人"。纵观路演如此辛苦，但没有一个人有所怨言，因为他们知道，这一路的艰辛都会化成成功的果实，等着他们来采摘。

不可低估的是，这二十几天的路演十分成功。在美国的首场活动中，就引起了不小的轰动。人数从早晨就开始逐渐增多，午餐时已经打破纪录，超过限制。原定的 94 位基金经理，已经增加至 140 位，宴会厅的座位都不够用了。由于座位紧张，数十位手中握有十亿美元以上的基金经理人，都只能坐在过道上，饿着肚子听演讲。

百度公司在 2005 年 7 月中旬公布招股说明书中，发布了此次共招股 370 万股，其中 260 万股为新发行的股票，110 万股为老股东出售。经过一番商议之后，最终每股的定价为 27 美元。

路演的成功甚至有点出乎所有人的意料，香港的第一场路演，有不少投资者抱怨说分给亚洲股票份额太少了，只有大约 37 万份。随着路演活动的不断推进，许多基金经理人向百度表示，我们就是最好的投资人，多卖些股票给我们吧。

一系列的路演活动，既考验了李彦宏等人的体力和承受力，也证明了百度的能力。路演的顺利进行，为随之即来的百度上市做好了充足的准备。

# 上市掀起“中国概念”热潮

## ——奋斗者永远令人尊敬

北京时间 2005 年 8 月 5 日 23 点 40 分，百度在美国纳斯达克股票交易市场正式挂牌上市，一经开盘，股票就一路飙升。在短短的几个小时内，就缔造了中国互联网的传奇，使“中国概念”走出国门，进入国际化视野，被世界所重视，而百度也赫然成为中国最大的互联网公司。

当百度在美国纳斯达克准备上市前的几个小时，李彦宏偕同妻子马东敏、王湛生、毕胜、徐勇夫妇及和坤等人在承销商美国高盛公司总裁的陪同下，来到该公司 49 楼的交易办公室，一同见证百度公司历史性的一刻。

交易开始，首席交易员一手拿着电话，一手握着鼠标，双眼紧盯着电脑屏幕上投资者的下单情况，嘴里不停地喊出最新的报价。

首席交易员从 30 美元开始叫价，随着报价的逐渐升高，买单量也随之增加。这在他的工作中，是从来没有遇到过的事。即便是报价已经很高了，但依然没有人愿意卖出，而买单量也丝毫没有减弱的趋势。

当从交易员嘴里喊出 35 美元、36 美元、37 美元的报价时，办公室响起了雷鸣般的掌声，所有人不约而同地鼓掌祝贺百度的成功。可是随着交易员喊出 45 美元时，所有人都震惊了，一时间都有点反应不过来。

但是报价并没有停止，还在逐渐上升，交易人都激动地颤抖了起来，声音也跟着发抖了，现在报价已经飙升至 72 美元。相比 27 美元的发行价，提高了将近 2 倍。当地时间 11 点 35 时，百度第一笔交易完成，开盘价为 66 美元，攀登史上新高。

这一刻，所有的百度人都紧紧地拥抱在一起，这一刻他们已经期待了五年之久。功夫不负有心人，所有的汗水和辛苦在这一刻都化为成功的果实，一切都是值得的。

在第一笔交易完成后的半小时，李彦宏便被 CNBC（美国国家广播公司）请到了摄影棚，随后也相继被各大新闻媒体轮番采访，可见百度上市已经然引起了轰动。

随后李彦宏、马东敏和毕胜等人来到美国纳斯达克交易大楼前，看着楼外的显示屏上有很多群众正在围观百度的交易情况，他们站在哪儿，看着显示屏上不断跳动的股价和百度的 Logo，不禁有着诸多感触。

有个美国人走上前来与他们交谈，询问他们是否是显示屏上这家公司的员工？他们说是，这位美国人还非常热情地祝贺他们说："It's a big day for you." 还与他们一行人合照留念。

当地时间 16 点钟，李彦宏启动了百度在纳斯达克的闭市仪式。这个时候，百度的收盘价定在了 122.54 美元，百度总市值为 39.58 亿美元。在不到一天的时间内，百度的股票从 27 美元一路飙升至此，增长了 3.5 倍。

而最初百度股票定价的时候，定的是 17~19 美元区间。但是在路演的过程中，看到投资商们的热情及对百度价值的重新评估，又将价格定在 19~20 美元，经过一番讨论之后，觉得这个价格还是有点低，又调为 23~25 美元。但最终在上市前，把价格定在 27 美元。

其实，目睹到投资者的追捧之后，几经商讨，最终将发行价定为 27 美元时，有一些基金经理还颇有怀疑。他们认为百度在到纳斯达克上市之前，走的一直是低廉路线，将价格定在 20 美元都实属不错了。有一位基金经理人在与李彦宏洽谈时，直接挑衅说："平时我都不看你们这么小的公司，你去年就挣了那点钱，以美国的标准来说很少，你现在说是中国最领先的搜索引擎，而我随便找个人就能调查出不一样的结果。"

面对这样的声音，李彦宏反而被激起了斗志。他知道越是讲问题尖锐的人，越说明他对公司感兴趣，因为他提前做了调查。这样的人一旦认定公司有发展前景，是不会轻易脱手的。

现在的这个 122.54 美元的骄人成绩，是李彦宏及这些投资人等想也没有想到的。这一切都太出乎人的意料了。而创造这一成绩的就是李彦宏及其整个团队的工作人员。正是源于他们的坚持不懈和敢于突破，百度才能在短短五年多的时间内，迅速地成长与壮大。

为什么百度的上市会引起美国业界的追捧和轰动呢？第一，百度打出了"中国概念"的口号，第二百度的方向是搜索。这两个不管哪一个都很受美国人的欢迎。搜索领域大有前景，中国市场大有空间可待发展。中国有数十亿人口，但网络普及率还不及 10%，这其中的可发展空间真是太大了。本着以上两点，百度的上市才引得美国人争相追逐。

而这些互联网的大佬们，也早已预测到，在互联网领域的发展潜力上，没有哪个国家能比得上中国，未来几年中国一定能够跃居为世界互联网大国。所以，这些投资商，投的不只是百度这个公司，而是中国互联网事业。

百度上市的火爆场面，其实在李彦宏等人进行路演活动时就已经看出来了。而且他在谈及路演活动的成功时，也是难掩欣喜之情。他说："路演的过程中，我们在一个城市通常要有十多个会，太多的基金经理对我们感兴趣，没有办法，时间紧张，只有管理十亿美元以上的基金经理，我们才能和他们单独商谈。”从这段话中，就可见百度的股票还真是一股难求啊。

百度挂牌上市当日，首次交易中，就以66美元跳空开盘，股价最高达151.21美元，收盘价为122.54美元，增长幅度为354%，开创了美国股市五年来上市公司涨幅之最。但是不可避免的是，在掌声和荣誉的后面，跟着而来的就是质疑。

有分析估算说，百度的市值目前将近40亿美元，而在2004全年，百度的净利润只有0.134亿美元。百度上市前的招股说明书中表示说，股票发行价的市盈利为540倍，而其收盘时的市盈利为2450.8倍。不得不说的是，全球第一大搜索引擎Google的股价是300美元，但它的市盈利也只达到了74倍。百度的这一场声势浩大的开场会不会是业界泡沫一样的狂欢呢？很多人抱有这样的疑问。

国际专业分析师约翰·菲特吉布也不无担忧地说道：“百度让我们重新回到了互联网泡沫时期。上一次我们看到IPO企业的股价在首个交易日里上涨200%以上，还是在1999年到2000年期间。”

紧接着也有一些分析师公开表明，如果百度公司的盈利额没有接近这一预期的话，那么等待它的必然是股票大跌的境地。百度在这两年内能够在中国站稳脚跟，有所突破，主要是竞争对手Google没有将精力放在中国市场。但是现在情况可不一样了，越来越多的企业已经瞄准了中国市场这块巨大的缺口，都摩拳擦掌做着准备。以Google举例说，它不惜花费重金从微软挖走李开复，就可见其全面开展在华业务的决心。

而面对外界的种种猜测，百度公司的副总裁在面对记者的提问时，则公开做出回应说：“我们相信百度自身的核心价值，至于外界的评论，对百度自身不会有太大的影响。百度目前在市场上的表现说明，国际资本市场对百度在中国搜索市场及技术能力的认可。我们的核心价值在于我们的技术研发，我们有很多研发专利，这是很多人却还不了解的。此外我们对中国市场也有很深的洞察和了解。”

一盘棋不下到最后，你永远不知道对方还有哪些筹码和手段。对于外界的质疑，百度并未多加理会这些杂音，而是继续坚定地走着自己的路。他们对百度的未来坚信不疑，因为这是他们一手开创的。面对这样的百度，我们有理由相信，他们一定能给诸位投资者一个满意的答卷，能够让发展的脚步与市赢利想提并进。

## 百度人为祖国争光

### ——心怀天下，无所畏惧

百度的成功上市，这在李彦宏等人的预料之内，但是上市巨大的火爆程度，是他们没有想到的。在百度上市过程中，以66美元的开盘价完成第一笔交易后，李彦宏就被CNBC请到摄影棚，进行一番简短的访谈。等到毕市的钟声响起时，再一次被CNBC请到了摄影棚做采访。可以说，在CNBC电视台的历史上，李彦宏是第一位在同一天进行了两次访谈的CEO。这从侧面说明了百度上市的成功和轰动。

百度上市的全过程，无论是开始还是结束，都取得了骄人的成绩。在成功毕市的一瞬间，所有百度人都紧紧地拥抱在一起。随后，李彦宏拨通了远在北京的元老级员工刘建国的手机，第一句话说的就是“We did it”（我们成功了）。是的，几年来，他们无数个深夜积攒下来的成果，终于在世人的见证下，获得了认可和祝贺。这一胜利的荣耀属于所有的百度人。

闭市后的这一夜是胜利的狂欢。当地时间 18 点半，李彦宏带着团队来到 BlueFin 餐厅举行庆功晚宴。酒会一直持续到 23 点多才结束。在宴会中，投资人、百度团队、承销商高盛集团的发言人都接连上台演讲，每个人都发表了感言，述说着百度的传奇故事。但轮到李彦宏上台时，他只短短说了一句话，那就是“谢谢”。在这一刻，千言万语都化作了简简单单一句话。

而一直以来都以“铁人”形象做人的李彦宏，此时再也难掩激动之情，他流出了眼泪，现场的团队人员，也都喜极而泣。为了这一刻，他们付出了太多的旁人无法体会的艰辛和努力。随后李彦宏谈及这次流泪，还颇为感慨地说：“主要还是因为不容易，只有经过了那么多艰辛，才会有这种伤感，如果成功来得很容易、很轻松的话，当然不可能哭出来。”

比较有意思的一件事，就是当时还是百度市场总监的毕胜，在闭市之后的几天闲暇时间里，来到美国唐人街、自由女神像等著名景点参观时，凡是遇到的中国人，口中都在谈论着百度。甚至在唐人街的一家餐厅里，店主还慧眼识珠地认出了毕胜，伸出大拇指对他表示祝贺和赞扬，结账时还给他打了个八折优惠。还真是名人出门好办事啊。

之后，李彦宏等人从纳斯达克返回国内，接受媒体采访时，还总结到：“对于百度来说，我们恰好占了两个成长因素，一个是中国，一个是搜索，它们的结合正好被百度明显地体现出来。”

这话说得不错。百度创造的这一传奇，一改国际资本市场对百度的印象。最初，大家看待中国公司就如同一些中国制造的商品一样，被贴上了粗质滥造的标签。但是百度的成功上市，使他们充分认识到了“中国概念”的博大精深，中国公司的技术精湛。这一发现，令他们以新的眼光看待百度公司的同时，也在重新审视一些在美国交易的中国公司。毫不含糊地说，百度上市开了高价的先河之后，中国的一些在美国等地上市的公司的股价都上升了不少。这难道没有百度的功劳吗？

不得不说的是，在国内的庆功宴上，李彦宏及团队的一些员工，再一次流下了喜极而泣的泪水。只是这一次的眼泪，除了为自己而流，还包含着祖国。身为中华儿女，他们担当着中华复兴的使命和崇高的社会责任感。在那一刻，他们意识到自己为祖国争了光，自己的社会价值得到了实现。他们又骄傲又自豪。

在宴会上，李彦宏满含着泪水说道：“我们今天的成功不是我个人的，是百度全体员工的，是中国的骄傲。在上市当天，我们遇到了不少华人，他们都说百度给中国人争气，很有脸面。我们终于以自己的实力，用事实向全世界证明了中国公司不是可以随便买卖的便宜货。我们为祖国争了光，感谢全体百度员工，感谢祖国！”

这一番慷慨激昂的话语，赢得了满堂喝彩。整个会场顿时都沉浸在一片崇高、自豪又斗志昂然的氛围之中。

百度成功上市的这一天，不仅给公司及中国带来了巨大的荣耀，还给以李彦宏为首的百度员工带来了巨大的财富，使他们瞬间成为亿万富翁。在这之前谁也没有想到，一群只想追梦，发挥自身价值的穷小子，能够瞬间飞上枝头变凤凰，成为人人艳羡的亿万富翁。

而在这几位亿万富翁的背后，又跟着几位千万富翁，紧接着又有数百位的百万富翁。所谓的百度传奇或神话，不单是指其在上市时引爆的空前状况，也是指在这一夜之间百度生产出了数百位富翁，成为名副其实的造富公司。

因为百度上市，股价一路高涨，所有持有公司股票的人都发了一笔财。这一消息很快就在各大新闻媒体迅速发酵，以“李彦宏在美国创造神话，百度老员工一夜暴富”相类似的标题占据各大报刊的头版。引起大众的一片唏嘘和感叹，而百度公司内部早已沸腾，人人都为这一现实而震惊不已。

据悉，李彦宏当年在创建百度初期，就给员工承诺过，要力争让“公司员工都持有公司股票”。实际为员工着想，能够站在他们的角度看待问题，李彦宏的作风一直如此。从百度的招股说明书就可以看出，不包括以李彦宏为首的管理人员，5.5%的百度股票是为普通员工所持有的。百度的普通员工有300名左右，以上市后的39.58亿美元市值估算，那么每位员工相当于获益500万元人民币。这在当时是非常大的一笔巨款，就这样落在了百度普普通通的员工身上。

不过天上从来没有白掉的馅饼。正是因为百度每位员工的努力与坚持，百度才能突出重围，造就今天的成就。所以这份荣誉和嘉奖理应属于坚守在各自岗位的员工。

如此看来，百度成功上市的轰动本就不小，接着而来的就是公司300多位员工身价过百万的消息更是一下子炸开了锅。而且这份奖励不只属于在职的员工，以各种各样的原因离职的持有公司股票的人都算在内。很多人已经身在异国，有的正准备出国，还有的已经另辟疆土。但不论如何，百度的HR都在尽力地联系他们，将这笔巨资发放到他们手中。这也体现出了百度的诚信之道。

2005年8月6日，在首都国际机场，一位刚离职的百度员工拿着电话的手，正在不住地颤抖。他在即将登机之前接到百度HR的电话，告知他现在的身价已经是千万富翁。这一切都像梦一样。前一秒他还在为出国留学的种种费用问题而忧虑，后一秒这一切问题都不在话下了。他还真有点不敢相信。

他是在百度成立一年后加入的员工，迄今为止，已在百度工作了四年之久。他在百度并非核心工作人员，只是一位普通的蓝领程序员。早年他有机会以每股10美分的价格购置了5000股百度原始股，之后百度进行拆股，他的5000股就赫然变成了1000股，再加上他算是一位老员工，另有一些奖励股份。所以经过百度的成功上市后，才能摇身一变，成为万人瞩目的千万富翁。

即使百度在上市时一举成功，赢得了世界的瞩目，为祖国、为国人争了光，但李彦宏旧没有被现有的成就迷住了双眼，而停下前进的脚步，享受片刻的安闲。对于李彦宏来说，他在心怀天下、无所畏惧之中永远存有危机意识。

根据研究调查显示，截至2005年5月，百度在中国互联网市场的占有份额是45.7%，Google则为22.8%。而专家推测说，在未来三年内，中国互联网搜索领域的年平均增长率会达到55%以上。

由此可见，中国的互联网市场的可发展性的确很大。Google此时也已经瞄准了这块肥肉，不惜花费重金从微软挖走李开复，专门进军中国市场。搜狐、新浪等门户网站也开始全面推广搜狗、新浪等自己的搜索引擎。在这样一个后有追兵前有猛虎的时局之下，百度容不得丝毫掉以轻心。

所以李彦宏才会一如既往地鼓励与告诫员工，继续持之以恒地向前走。而在采访中，李彦宏也毫不隐讳地承认，自己潜意识里永远有一种危机感。他说："如果我们做得不够好，就有可能陷入很被动的地步。所以我一直跟员工讲，百度离破产只有30天。别看我们现在是第一，如果你30天停止工作，这个公司就完了。这个市场变化非常快，之所以大家看好这个市场，就是因为它的成长速度非常高，成长也是变化的一种，如果你不能及时把握市场需求的变化，就会被淘汰掉。"

李彦宏就是用这样一颗既无所畏惧又毫不松懈的心态鼓励着员工、激励着自己永远向前看，向前走。

# 第 5 章
# 技术报国：智能革命，构筑先发优势

## 遭遇滑铁卢，迎难而上
## ——把危机变成自我突破的良机

中国有句古话说得好，盛极必衰。在上市之初就登峰造极的百度，必然不可能一直维持着巅峰的状态，有所下滑和跌落是不可避免的事。有时候，重要的不是事情一时的走向，而是你面对困境的决心和勇气。古往今来，决定成败的最重要因素就是个人的心态。

在百度上市红极一时的时候，就有专家预料说，假若百度的实际成绩没有与预期的高目标相符合的话，那么接踵而至的就是股票的下跌。

不出所料，在 2006 年 11 月，即使百度的财政报表显示，这个季度的财政收入已经增长了 24.9%，净利润也是同比增长了许多。但这一系列的好现象依旧不能阻挡随之即来的股价下跌。李彦宏的个人身价也从 11.38 亿美元降至 4.43 亿美元。这中间可是有着将近两倍的差。

在面对如此高危的情况下，李彦宏并没有垂头丧气，百度并没有泯灭斗志。李彦宏及其整个管理团队思考的就是，如何做才能让公司走得更好，如何发展才能保持领先的地位。一句话总结，就是无论面对怎样的糟糕境地，李彦宏带领的百度公司都能够迎难而上，扼住命运的喉咙，从容自信地去面对。

不只是这次事件，在时代的大环境竞争压力下，百度从来就没有退缩过。Google、搜狐、新浪等各大门户网站的威胁从来就没有中断过。面对进路上的无数障碍，李彦宏自始至终都坚定地认为，百度只要保持技术领先，就会立于不败之地。而一直以来，百度也都是这样做的。

2001 年百度在国内首度推出了竞价排名业务，这一决策不仅在一定程度上使公司获得了高收益，也使得一些商家抓住了机会，迅速致富。但是不可避免的是，每件事情都存在两面性，有好的一面，也就存在着相对不好的一面。竞价排名业务的推出，使一些商家脱颖而出的同时，相应的也就适当削弱了其他商家的利益。

于是这些心怀不满的中小企业就开始联合起来，成立了一个所谓的“反百度联盟”，处处抨击竞价排名业务。

针对这一系列的声音，百度为了能够给客户及网民更好地搜索体验，对竞价排名业务进行了升级和改善，于 2006 年 9 月 11 日全面推出了智能排名功能。

智能排名不再以竞价价格的高低作为排名的唯一依据，而是能够综合关键词的质量及竞价价格等相关因素的影响。而且一改先前竞价排名的固定的模式，而是根据不同的关键词的热度，设置了不同的价格。

综合而言，百度全面推出的智能排名系统在给公司带来收益的同时，还促进了关键词相关性及整体水平的提升。根据用户的问题描述针对性更强，质量较高的关键词还能以较为低廉的价格，获得较高的排名，从而全方位地提高了网名的搜索体验。

但是让李彦宏等人没有想到的是，智能排名系统推出几个月后，百度再次陷入风波之中，陷入“欺诈”“不正当竞争”等负面新闻之中。原来是百度在2006年收购了网站天空下载。而天极网的用户在百度搜索“天极下载”的时候竟然直接链接到了“天空下载”，这让天极网的负责人员和一些用户十分气愤，认为百度的这种行为存在着欺诈和不正当竞争的因素，一气之下，将百度告上了法庭。

这一事件令本来就对百度这一竞价排名业务不满的中小企业者更加喧嚣。一时间闹得沸沸扬扬，风波久久不能平复。最终在2008年的11月，中央电视台《新闻30分》就百度竞价排名搜索结果中存在的问题，以及竞价排名销售过程中存在的管理漏洞等进行了为期两天的持续报道。

面对现实中不得不面对和正视的一系列问题，李彦宏及其整个管理团队最终做出了一个重大的决定，将为百度的发展壮大立下汗马功劳的竞价排名系统正式下架，退出百度搜索的历史舞台。

但与此同时，百度并未坐以待毙，而是积极地从用户的角度考虑问题。于2009年4月20日，全新推出搜索推广专业版，也就是之前备受关注的“凤巢”推广系统。2009年12月1日，百度如期按照原计划全面启用凤巢系统。自此之后，凤巢将取代竞价排名业务，全面接管百度所有的推广位置。

而百度在当日凌晨也向所有用户传达了这一通知，通知说：“自2009年12月1日0时起，百度搜索推广专业版将作为百度唯一的搜索推广产品，全面管理搜索推广的所有推广位置；搜索推广经典版将停止提供推广服务，原搜索推广经典版管理的全部推广位置，包括左侧以‘推广’标志的推广位置，左上以‘推广链接’标志的推广位置以及右侧推广位置，都将被专业版接管，客户的推广结果将继续有机会在这些区域展现。此次变化不影响账户信息管理、财务管理，以及搜索推广专业版已经开放的各项工具、数据和其他功能。”

而且与过去的竞价排名业务相比，凤巢的广告系统一改以往的广告表现形式，将搜索页面的广告位分成了三个部分，还通过底色的不同和标注“推广链接”的方式，将广告与搜索结果自然分开。

作为最新一代的搜索推广平台，凤巢在有效提升用户搜索体验的同时，还能够帮助企业获取更多商业机会，赢得更多的客户，大力提升推广效果。可以说，这套应互联网环境变化所需的系统，无论是对网民、企业还是百度自身的发展都是十分有力的。

对于百度此次大刀阔斧地全面推出凤巢系统，业界一直有传言说百度是迫于央视等媒体的压力，才不得已而为之。面对这一声音，百度商业运营副总裁沈皓瑜在接受采访时澄清说，百度做凤巢系统是在 2007 年 10 月就决定的，相对于普通的网页搜索业务，付费搜索是包含更多高新技术含量的业务，是非常复杂的事情，没有一年半载是完不成的。

而凤巢这一名字是在 2008 年 4 月才定下的。取自筑巢引凤，也就是说只要做出好产品，自然就会拥有客户源。其实从 2006 年开始，竞价排名业务一直都在改善和优化，但依旧无法阻挡它被妖魔化的现状。

面对现实环境中层出不穷的挑战和困境，百度的应对之策，永远只有一个，那就用积极乐观的心态，拿出实际的行动和方案去解决问题。为了能够跟上时代的步伐，稳居中国互联网行业领头的位置，百度在革新技术领域的同时，在一些营销方式上也进行适当调整和更改。

2006 年 7 月初，一家百度北京二级代理商接到了一份通知。通知说："为了获取更大的发展空间，北京真龙广告（下称真龙）将进行战略转型，中止与百度公司的合作，于 7 月 25 日下午 5 点停止销售竞价排名及火爆地带产品，百度公司将接管原真龙进行区域服务的客户，由百度公司为这些客户提供售后服务。"

真龙是百度公司在北京的两家核心代理商之一，核心代理商旗下还有诸多的二级代理商。从这份通知中，我们可以看出百度正在更改自己的营销方式，将先前的分销改为公司直销。这不失为一个好办法。

对于转变业务营销方式这一行为，百度公司给《第一财经日报》发了一份名为《百度加大北京市场投入，北京地区更多企业将得到百度直接服务》的书面说明。

这份说明中指出：7 月 24 日，百度宣布加大北京市场投入，为了配合百度在北京地区的扩张，百度与百度北京核心代理商——真龙达成一致，真龙客服中心维护的百度客户将由百度公司提供直接服务。

据了解，在北京地区与百度签署协议的代理商只有真龙和精合信达两家公司。虽然表面上来说精合信达没有被直接收回代理权，但实际上，在给下级代理商的折扣上已经明显降低。而且百度此次取消代理制度，针对的地区不只是北京。上海、广州等地也都是采用由分公司直接管理销售的方式。

互联网分析师吕伯望专门对百度的此次变革进行了解读。他认为百度的这种发展思路很不错，逐渐在北京、上海、广州等地收回代理权，主要原因就是对代理商不容易掌控。

百度的一些客户往往是中小企业，在与这些企业打交道时，代理商的一些行为有时候与百度的基本原则不符，但是采用直销的方式需要养活一个庞大的销售队伍，而直销的经济利益也不一定比分销高，所以刚开始才会采用分销的方式。

现在不一样了，百度一方面为了维护自身形象，另一方面是现在的市场规模已经足够储备这样的一个队伍了，所以综合而言，现在开展直销是一件好事。

除了上述的一系列革新之外，百度 2006 年还发生了一件饱受诟病的事件。在商业的战场上，遵守规则是一方面，但常常也会发生一些让人措手不及的突变。这种优胜劣汰的生存法则可能就是职场的残酷之处。

2006 年 7 月 10 日，对于百度企业软件事业部门的员工来说，本来这一天跟往常并没有什么不同，无非就是正常工作与下班。可是突然这个部门的所有员工都收到一封邮件，要求 14 点召开全体部门会议。这个时候大家还都以为只是例行的部门会议而已，并没有预料到，这个会议对自己会有多重要。

当部门所有人员聚集在会议室的时候，吃惊地发现，百度 COO 朱洪波与人力资源总监鲁灵敏竟然也在会议室里，气氛与以往有些不同。虽然有些疑惑，但大家还是没有预想到会发生什么。

直到 COO 朱洪波开口说道："一直以来，大家都做得很努力，不过 ES 这块业务的成长性不够好，公司已经决定撤销 ES 部门。"这句话对于在座的所有人来说，犹如晴天霹雳。但接下来的话更加使人感到匪夷所思。

朱洪波继续说道："给各位四个小时的时间来办理交接手续，将笔记本、门卡等物品交还公司，并离开公司，6 点之前公司将关闭相关 ERP 账户和邮件系统。"

正当大家还没从朱洪波的话语中反应过来时，人力资源总监鲁灵敏接着说道："公司为大家提供了一站式离职平台服务，请大家会后分别办理离职手续。"

就这样，在这场简短的部门会议中，部门成员只接收到一个消息，那就是自己被公司裁掉了。大家在离开会议室的时候，头都还蒙蒙的，有点不敢相信这个事实。

但是没办法，现实环境在提醒着他们这一切都是真的，而现在距离公司要求离开的时间，还不足三个小时。

客观分析，百度的这次突然大批量裁员事件，不仅对当事员工有些不负责任，引起了公司很多内部员工的不满，也在社会上引发了不小的批判声。

对于这次裁员事件，百度的相关负责人张学涛解释说，这是公司正常的战略收缩。软件事业部在公司诞生之初，盈利模式还不确定的情况下成立的。但是随着公司的逐步发展，这一负责研发和经营企业信息管理解决方案类软件的部门，与百度专注搜索引擎服务这一定位显然不符。

而且据内部人员透露说，百度本来预计将ES部门集体出售，只是这一计划没有成功，才在仓促间解散这一部门。

其实李彦宏等人也没有想到，公司正常的裁员计划，竟然会引起如此的轩然大波，令公司陷入一场公关危机之中。而且在这个时候，以搜狐为首的竞争对手也开始大肆报道这一事件，更加渲染和发酵了这一场危机。

可以说自从百度在纳斯达克成功上市之后，接二连三的负面新闻就没停止过，现今的这场裁员事件又在一定程度上损害了公司形象。但是越战越勇的百度并不会收回成命，更改自己的决定，而是继续坚定不移地走着自己的路。

应验了"7月13日也许是百度全年最重要的一天"这句话，

百度在裁掉整个企业事件软件部门后的第三天，正式宣布进军博客领域。由此才可以看出百度的战略计划。

刚刚经历了裁员事件后的李彦宏，便在百度世界大会 2006 上宣布，“百度空间”正式发布。虽然在大会上，李彦宏没有用博客这一词语来形容“百度空间”，但实际上这一空间提供的日志、图片分享等功能无不证明百度开始正式踏入博客领域。

在随后的发言中，百度的 COO 朱洪波直接用“搜索+博客”的说明来形容百度接下来的发展概念。

百度的副总裁梁冬在接受采访时也明确表示：“百度空间将通过口碑传播来扩张，而不会通过诸如名人操作等形式聚拢人气。”从这句话中，能够看出百度对“百度空间”的发展走向，与靠名人起家的新浪博客的不同。

就如一个人的成长一样，不经历风雨怎么能见彩虹，企业的发展也是一样的，在现实环境的击打和考验面前，能够一如既往地开拓道路，才能够使企业站得稳，立于不败之地。

## 在国际化战略中突围

### ——企业家也要怀揣“大国梦”

百度是全球最大的中文搜索引擎企业的巨头，它的根扎在中国，它的市场领域也开拓在中国。但是这对于一直以来都怀揣着一个“大国梦”的李彦宏来说，这一切都是不够的。从 2002 年开始，在公司每年的会议中，他都会提出走国际化战略的设想，但是这对正处于起步阶段的百度来说，好像有点痴人说梦，所以他的这一提议，遭到了董事会的一致反对。

事情有转机和底气就在百度成功上市的一年后。当时已在国内站稳脚跟的百度，才开始一步步地开拓市场，展开国际化战略目标。

李彦宏曾说："国际化是必然的选择，现在的时间正合时机。我相信，15年之后，百度的收入应该会有50%以上来自外国市场。"

与此同时，百度国际化战略的部署也已经逐渐浮出水面，第一站就定在了日本。他们认为，与其他国家相比，日本的搜索引擎市场比较健康。而且日本网民的上网习惯与中国也都相近，所以经过综合考虑，才会选择日本市场作为首要的扩张对象。

其实，作为全球第三大经济体的日本，此时的互联网市场早已被Google、雅虎等国际搜索巨头和本地搜索引擎所瓜分，竞争相当激烈，百度想要争得一席之地，是非常不容易的。

从2007年3月开始，百度就着手开发日本测试服务器，并不间断地通过百度的日本域名进行日文网页、图片及视频等服务测试。经过将近10个月的测试，百度的日本服务器的运行相对稳定，本土化的团队规模也已经建立。所以在2008年百度在东京召开新闻发布会，宣布日本分公司正式运营，是水到渠成的事。

而针对Google、雅虎已经占据日本市场80%的份额的实际情况，百度何时才能够扭转时局，超越这两个国际化互联网巨头。李彦宏却并没有给出预计的时间规划，只是非常淡定地说："这需要耐心，我们要复制百度在中国市场的成功。"

《中国证券报》在2008年3月14日报道说，根据日本权威调查机构Video Research日前公布的数据显示，在百度进军日本市场的一个月内，它的页面浏览量一直在不断升高，已经超越了日本本土搜索引擎，成为日本搜索市场第四大独立拥有搜索引擎技术的公司。而且在图片及视频服务上，百度的搜索引擎服务量占据第一位定位高峰。

对于百度的搜索引擎服务，一些日本网民认为，百度网页的设计十分简洁，搜索速度很快，搜索结果也比较全面，所以他们比较喜欢运用百度搜索服务。这一言论对于刚在日本市场出现的百度来说，是莫大的鼓励和安慰。而百度也一直在为新产品本土化和大力开展适应本地的产品研发做努力。几乎每年都会有适应日本网民的产品服务上市。

作为百度走出国际化战略的第一步，对日本市场的开拓已经非常成功了。但是由于种种原因的限制，百度最终确定在 2015 年关闭了日本搜索引擎服务。

虽然暂时停止了日本市场的搜索引擎服务，但百度的国际化战略一直在进行。在 2015 年的百度世界大会上百度总裁张亚勤表示，百度的发展现在是一纵一横。

所谓纵向就是利用百度的技术，包括云计算技术、数据分析技术、人工智能深度学习技术等来进一步加速现实世界与虚拟世界的融合。

而横向就是国际化策略。经过多年的探索，百度在这方面取得了不小的成绩。百度总裁张亚勤在大会演讲中明确表示，总结一下有三个方面和三个重点，是百度国际化战略的支撑。

“第一，我们会选择重点区域。全球有很多国家，从哪里入手，我们选择和中国很相似的国家，有大的规模，很多的人口，移动互联网正处于爆发的前夕。比如说巴西这样的国家，印尼、印度这是选择的重点。这些国家可能在移动互联网方面落后中国两三年，但是我们看到这种成长的潜力、看到未来的发展，这是选择区域。

第二，选择产品和战略。我们选择的产品，一会儿可以看到，是移动、移动+移动，包括移动应用的矩阵，形成大的流量，移动变现广告的平台，不仅帮我们自己变现，也帮助我们合作伙伴中国的开发者去变现。

第三，我们会选择一些 O2O 的领域。很多国家和中国有很相似的路径，O2O 在中国某些方面是超前于别的国家，包括美国，我们希望把中国在 O2O 方面的经验、技术、产品能适用到别的国家，但是我们的做法会灵活一些，也不会砸 200 亿去哪个国家做 O2O。”

从上述三个方面可以全面了解到百度国际化战略的大致方向。与此同时百度也在进一步加紧筹划国际化步伐。2016 年 4 月，百度地图在北京召开国际化战略发布会，正式宣布百度地图已经成功登陆亚太 18 个国家和地区，并且会在年底全面覆盖全球 150 个国家和地区。

可以说百度地图的国际化进程就是百度移动化、服务化和国际化的三大战略要素的体现，是百度全球战略布局的重要一步。

而这一战略也被划分为三个阶段。第一阶段是面向大致 1 亿中国出境游的游客提供地图服务，2016 年覆盖全球 150 个国家和地区；第二阶段是选择合适的目标市场提供本地语言版本的地图服务，提升百度地图在当地的影响力；第三阶段就是截至 2020 年，百度的 50%用户来自海外，让百度地图成为全球知名度和影响力的“世界地图”。

最为重要的是，百度的国际化战略是基于每个国家实情的基础上展开的，有针对性地开发基于本地服务的场景、产品和服务等。而这一切都离不开合作伙伴的支持。所谓的合作其实有三种方式，其一是百度会收购一些当地的公司；其二是百度自身研发的产品或技术；其三就是人才的吸引。

百度目前在五个国家已成立了分公司。成立分公司的目的除了展开市场合作之外，很重要的一点就是要吸引优秀人才。让来自世界各地的优秀人才会聚一堂，将自身的价值发挥到最大化，这也是百度的理想目标之一。

怀揣着让世界了解中国，让百度走出国门的“大国梦”的李彦宏，带领着公司一直在国际化战略这条宽阔大路上摸索前行。

## 聚焦人工智能，打造“百度大脑”
## ——永远走在时代的前列

互联网行业一直都在飞速地发展，企业想要生存，想要谋求更好的发展，实现既定的目标，就要力争走在时代的前端。这一点毋庸置疑。

从创立之初到如今，百度已经经历了三次较为重大的转型。第一次提出转型是在 2011 年，从对各门户网站提供搜索技术支持转为自己担当门面，推出百度自己的搜索网站，并展开竞价排名业务。第二次较为重大的转型是在 2013~2014 年，百度开始从 PC 端向移动端转移。而最近一次转型则是在 2015 年，百度从之前的将人与信息的连接模式转向人与服务的商业模式。

李彦宏在 2015 年 8 月 10 日出席“互联网+零售”紫金峰会论坛时坦言：“这次转型也是为了适应移动互联网发展也包括互联网+的发展做的转型，过去的 15 年搜索引擎或者是百度给大家提供的价值是什么？就是把人们和信息联系起来，想要找什么信息输入一个关键词告诉他相关的结果，所以百度是连接人和信息的工具，但是未来在移动互联网时代，我们会变成一个连接人和服务的工具，因为移动互联网的兴起，连接人和服务变成了一种可能。”

走在时代前端的百度，在2015年确定进一步转型之后，就展开了大刀阔斧向前迈进的趋势。对于顶尖技术型人才李彦宏来说，他一直信赖和热爱的就是研发出新的技术，而他的目标就是“用技术改变世界”。这一宏伟目标，由他带领下的百度，也在实践着这一初衷和理想。

此时，在宣布转型的同时，百度也对外公布了百度人工智能产品“百度大脑”，这一高新科技的大脑已经与2~3岁的孩子持平。

李彦宏认为未来的发展趋势就是人工智能。值得注意的是，在2016年9月1日的百度世界大会上，百度首次向世界全面展示了人工智能“百度大脑”的成果，并向开发者、创业者及一些传统企业开放“百度大脑”的核心功能和底层技术。

百度的首席科学家吴恩达在这次会议中发言说：“今年百度世界大会的主题选的是AI is the new electricity（人工智能是新的电力），一百年前电力带来很大改变，今天人工智能也会对行业带来一样大的改变，我希望百度的人工智能技术可以帮助你们改变行业，改变社会，也希望我们可以协助你走进人工智能的时代。”

对于李彦宏来说，此时百度的核心中的核心就是人工智能——百度大脑。他在采访中对外界介绍说，百度大脑一共由三部分组成。第一部分是超大规模神经网络，是模拟人脑神经元组成的网络，却比人脑的神经元数量多一个量级，支持万亿级参数、千亿样本、千亿特征训练；第二是计算能力，百度大脑的计算基于数十万台服务器，以及国内最大的GPU集群；第三是数据，百度拥有海量数据，包括全网万亿网页、数十亿级搜索数据、百万级图像视频数据、百万级定位数据。

总的来说，百度大脑的能力主要包含语音、图像、自然语言处理和用户画像这四种。

而对于“百度大脑”的具体运用，则不得不提及百度无人车的开发。其实在2006年的百度世界大会上，百度自动驾驶事业部的负责人王劲对无人驾驶这方面的进展已经做了相关透露。但是对于百度无人车在路况上的实际演练则一直没有向外界公布。

直到2016年11月16日，在乌镇举办的第三届世界互联网大会上，百度无人车的驾驶才正式启动。

此次会议中，李彦宏在接受记者采访时说道：“人工智能其实也是从今年开始变得很火，每个人都非常关注。但是它会给我们每一个人、每一个行业、每一个国家带来什么样的变化？其实我觉得很多人还没有完全想清楚，但是每当我想到这些可能性的时候，我都觉得非常兴奋。”

而且他还颇为自豪地说：“今天在乌镇景区外面就有百度的无人车，有好多辆无人车可以让大家来乘坐、试乘。一年前，我们还只是把它摆在展厅里，让大家看静止的，而今天大家可以在公开的道路上来体验无人驾驶的乐趣。”

此时的李彦宏就像一个初步实现了自己理想的孩子那样激动和兴奋，他们耗尽无数个日夜研发出的产品，终于能够让人们进行实地体验，这是一件多么令人高兴的事情啊。就这样百度用人工智能——百度大脑的研发开启了下一页的篇章。

每一次转型的初期都必不可少地会给企业的收益带来一定程度的下滑，百度也不例外。经历了几个季度的低谷之后，百度的财政收入在 2007 年的第二个季度终于回归正轨，渡过了危机时刻。

在 2007 年的第二季度财报电话会议上，百度总裁陆奇也再次重申了百度当前的战略，就是搭建自己的人工智能平台，这个平台将为所有物联网平台提供人工智能方面的技术和服务，尤其是智能家居设备，令它们可以执行用户的指令，语音对答。

因为当前及未来在商业化方面，前言领域之一，就是应用百度人工智能技术的物联网设备将成为信息的接入点，商业模式将与目前的搜索业务模式类似，因为只要用户需要搜索信息，比如服务、内容、知识，在使用这些设备的时候也会有类似的需求。

由此可见，对于人工智能的开发和应用已经是百度企业的重中之重。而这与李彦宏一直以来的坚持和追求是分不开的。不管过了多少年，对于自己的初心和理想，李彦宏从来都是没有退缩和逃避的，矢志不渝地坚持着。

## 未来，用科技改变生活
### ——不忘初心，不负梦想

李彦宏曾说过："百度的使命不是赚最多的钱，不是有最高的收入，不是成为这个行业的第一名，是让人们最便捷的获取信息，这一件事情本身就是百度最大的企业社会责任。"

崇高的社会责任感是李彦宏性格中的特点之一。对他来说，孜孜不倦地研发技术的使命之一，就是要用最新的科学技术来改变人们的生活。已经担任了五年全国政协委员的李彦宏在谈及自己的感受时，十分谦虚地说道："没有什么惊天动地的事情，但是我觉得每一步都让自己更了解这个国家，让自己更有一种成就感。"

而且在李彦宏担任全国政协委员以来，每一届"两会"上他的提案与建议都是站在普通大众的立场，而不是他个人或企业。他始终认为，一些不合理的现象，就要敢于提出来，只有提出来了，才会得到治理，这样才能有助于国家的发展与进步。

几年以来，李彦宏一直都是人工智能最坚定的推动者之一。在2016年的"两会"中，他准备的三份提案，毫无例外的全是关于人工智能。但比较特别的一点是，李彦宏的提案是针对现实问题，提出了用人工智能这一高科技来方便解决的办法。他的三份提案分别是《关于利用人工智能和大数据技术，帮助解决走失儿童问题》《关于打造智能交通信号灯，缓解交通拥堵问题》《关于加强人工智能行业应用，构建国家创新型经济》等建议。

对于运用人工智能解决儿童走失的问题，在接受采访中他说，"最近江苏卫视播出的《最强大脑》节目里，有小度机器人对阵人类。其中一个环节是给出一个0~4岁小孩的照片，然后好多大人上台一起又唱又跳，小度机器人或者说百度的人工智能技术，则通过小孩照片，在这些上台的大人中找到那个长大的孩子，最后，小度机器人都找对了，甚至可以识别双胞胎的细微差别。这说明，百度人工智能在人脸识别方面已经比较成熟了。这项技术可以帮助找到走失的孩子。"

而对于交通拥堵问题，李彦宏也经过实际观察给出了相应的解决措施。他说："我们在百度大厦周边村道，运用深度学习技术，做了一些实验，最后给交管局提了建议，说这个方向的红绿灯应该怎样，那个方向的红绿灯应该怎样。交管局采纳我们的建议后，车辆平均等待时间明显减少。”

面对当前世界经济低迷，增长动能不足的现状，几乎每个国家都在寻求新的发展出路。作为“两会”科技界代表的李彦宏，自然要从自己对局势的分析和全局的把控中，提出相关的建议。毋庸置疑，人工智能的大力发展已经成为全球经济发展的新动力。中国自然要抓住这一机遇，在未来的竞争中取得绝对优势。

所以他直言表达：“从政府的角度来讲，我是希望各大部委都能根据他们所管理的行业、制定相应的产业政策，来鼓励这个行业和人工智能技术进行结合。像刚才讲的交通，怎样才能出台一些政策允许无人车上路。像制造业，过去中国制造还是靠成本优势在做，未来要靠智能，要靠人工智能技术与制造业的结合来做相应的事情，在这方面需要制定相关的标准、相关的鼓励政策。”

李彦宏在全国“两会”上提案的核心都是如何运用科技来改变生活。在 2018 年的“两会”上，李彦宏作为第十三届全国政协委员也再次发表了自己的提案。

只是现在与以往相比，除了围绕人工智能之余，李彦宏还提出了“希望雄安新区给予企业优惠政策、大范围推广控制吸烟条例”这两条建议。

在会后接受采访中，李彦宏也做出总结说：“这是我第二届做政协委员，做了五年的时间。这五年当中我也在不断寻找更好的方法参政议政。头五年我提的提案更多的聚焦一些特别具体的问题，并且给出特别具体的合理的解决方案，今后的五年我可能会逐步把镜头往远拉一拉，提一些相对比较宏观的东西，甚至不一定有特别清晰解决方案的情况下我也会提，我提的领域也不一定完全都是 IT、互联网这些领域，可能跨度会更大一点。”

从这次全国“两会”中可以看出，李彦宏已经在践行着自己的想法。但是作为人工智能行业的领军人物之一，李彦宏的提案不可避免地与此无法完全剥离。

他认为，现在已经是人工智能时代，开放平台的影响力会越来越大，众人拾柴火焰高，只有把更多的数据汇合在一起，才能够发挥出更大的影响力。但是，并不是每个企业都愿意免费开放自己的技术。所以他希望国家能够通过一些政策引导，让更多的企业来开放技术。这一决策对于中国人工智能行业的发展绝对是空前绝后的。

而且不得不说的是，李彦宏往年的提案应用到实际生活中，也都有着非常不错的良效。譬如说运用人工智能来帮助寻找走失的儿童，经过百度与警方的合作，确实找到了一些。在无人车领域的呼吁，也得到了重视。目前北京已经出台了相应政策，科技部最近授予的自动驾驶开放平台，就由百度来直接承建。

用技术来推动时代的发展，用技术来改变人们的实际生活，这就是李彦宏自始至终都坚持做的事。